Interruptions en classe Comment gérer les Classfiance

Blexy Vaux

Contenu

Chapitre 1

En tant qu'enseignant, vous avez le désir de donner aux jeunes quelque chose qui enrichira leur avenir. C'est l'une des raisons pour lesquelles vous allez dans la salle de classe tous les jours et enseignez. Du moins, c'est ainsi que cela devrait être: certains collègues ne le pensent malheureusement pas, mais vous n'êtes certainement pas l'un d'entre eux, alors ignorons cela.

Si vous entrez dans la classe motivé, vous aurez peut-être la chance de rencontrer des élèves calmes et attentifs qui aborderont vos sujets avec joie. Cependant, il est extrêmement rare de trouver une classe entière prête à écouter. Dans chaque classe, il y a toujours quelqu'un qui écoute, mais aussi d'autres élèves qui ne semblent pas s'intéresser à la leçon. Il se peut qu'ils ne soient pas vraiment intéressés par le sujet ou qu'ils ne suivent pas les cours pour d'autres raisons, comme des problèmes personnels, mais je ne veux pas entrer dans les détails pour le moment, car j'en parlerai plus en détail plus tard.

Vous aurez probablement toujours des élèves enthousiastes et d'autres qui interrompent le cours ou ne participent tout simplement pas. En outre, il y a souvent des "perroquets" qui se joignent au bavardage, mais seulement si quelqu'un d'autre commence.

Par "interruption", nous entendons toute forme de perturbation pendant le cours ou tout comportement ou incident qui affecte la concentration de l'enseignant et/ou des élèves. Il peut également s'agir d'incidents involontaires, par exemple lorsqu'une alarme de voiture se déclenche à l'extérieur. Cela inclut également le comportement d'un élève qui ne perturberait pas vraiment le cours, mais qui incite les voisins à se laisser distraire (par exemple en dessinant sur le bureau). Si la leçon n'est pas assez intéressante, trop difficile ou trop facile (donc ennuyeuse), il est inévitable de déclencher un tel comportement. Vous devez garder à l'esprit que les élèves sont des individus ayant des intérêts et des talents différents, ainsi que de nombreux niveaux de compréhension. Il est donc difficile de faire participer tout le monde de la même manière (bien que cela doive être l'objectif) et, par conséquent, chaque enseignant connaîtra au moins une fois une interruption de cours.

La difficulté de la gestion dépend de la personnalité de l'élève: les types calmes lisent sous la table, tandis que les types vifs interrompent intentionnellement la leçon en faisant des bêtises, en jetant des objets, etc. Cependant, la structure de la classe joue également un rôle important. Dans une classe où il y a plusieurs per-turbateurs actifs et des "perroquets", l'enseignement aura tendance à être plus difficile que dans une classe avec un ou deux perturbateurs et de nombreux élèves volontaires.

Cependant, les élèves qui expriment leur enthousiasme pour la leçon et expliquent leurs connaissances peuvent également interférer avec les leçons. C'est le cas, par exemple, lorsqu'ils posent de nombreuses questions in-termédiaires qui vont au-delà du sujet enseigné, ou sim-plement lorsqu'ils proposent des réponses à l'ensemble de la classe. Le comportement en lui-même ne cause tout au plus qu'une légère perturbation, mais les autres élèves peuvent être agacés et peut-être même insulter la personne "je sais tout". Au contraire, les élèves qui veulent suivre les cours se retournent contre les élèves perturbateurs et des disputes peuvent s'ensuivre.

Si vous souhaitez utiliser des appareils techniques tels qu'un projecteur, vous devez les préparer sans être dérangé avant le cours. Vous devez également vous efforcer d'écrire lisiblement au tableau, de ne pas recouvrir ce que vous avez écrit avec votre corps et de veiller à l'exhaustivité et à la lisibilité lors de la remise des contrôles. Si vous ne le faites pas, vous communiquez aux élèves que vous n'êtes pas vraiment intéressé par le sujet et vous rendez

difficile pour eux de suivre vos explications ou de faire leurs devoirs. En faisant tout de manière peu claire, vous leur donnez une raison supplémentaire de ne pas prêter attention aux explications.

En outre, il y a aussi des circonstances que vous ne pouvez pas éviter: par exemple, le tableau noir est-il si sale que vous ne pouvez plus écrire? Il n'y a pas de craie ou de chaises? Il peut y avoir du bruit provenant du couloir ou d'une pièce adjacente, quelque chose d'"intéressant" se passe dans la rue ou l'air de la pièce est extrêmement étouffant. Vous devez toujours préparer vos cours, si possible de manière à ce que les élèves ne pensent qu'au contenu de l'apprentissage, malgré les circonstances "défavorables".

Dans tout cela, dans une classe d'école, on rencontre des personnes très différentes qui n'ont pas choisi de leur plein gré de se retrouver ensemble dans la même pièce pendant si longtemps. Des amitiés fortes peuvent se développer, mais aussi des inimitiés amères. Les deux peuvent devenir un facteur perturbant, car les amis discutent, par exemple, tandis que les ennemis s'insultent, ne collaborent pas et peuvent s'attaquer de manière très agressive. Les occasions d'éprouver des confusions sont plus nombreuses ; tous les élèves ont des caractéristiques personnelles et des antécédents en dehors de l'école qui peuvent entraîner des problèmes affectant leur préparation, leurs performances et leur humeur actuelles ou générales.

En fin de compte, l'enseignant est un être humain et, par conséquent, les élèves peuvent avoir des préférences et des aversions personnelles. En outre, en tant qu'enseignant, vous avez également un passé: vous pouvez arriver en classe dans une humeur moins positive et vous avez un caractère propre (par exemple, vous avez plus ou moins d'assurance, vous avez confiance en vous, vous êtes empathique, etc. etc.).

Dans les cas graves, les différences et les problèmes personnels peuvent non seulement perturber les cours, mais aussi conduire à des brimades entre les élèves ou contre l'enseignant.

Dans certaines classes, vous avez de la chance et tout est harmonieux, dans d'autres, tout se détraque. L'enseignement n'est donc jamais complètement simple. La façon dont la leçon est menée jouecependantlerôleleplusimportantdansladécision d'interrompre ou non la leçon.

Au début de l'année scolaire, les règles doivent être élaborées et définies avec la classe. Cela doit être fait de manière positive.

Ces règles devraient inclure:

Collaboration entre les élèves (vous écoutez et les laissez parler)

Comportement positif en classe (les élèves ne parle que lorsqu'on leur demande)

Avoir toujours de l'ordre et le matériel nécessaire (il faut prendre soin du matériel de manière responsable).

Chapitre 2

D ans ce chapitre, je voudrais utiliser des études de cas pour illustrer les différents types d'interruptions qui peuvent survenir dans une classe. Dans les situations décrites, l'enseignant concerné se comporte de manière défavorable, soit par une mauvaise intervention, soit par une trop grande hésitation. Dans le quatrième chapitre, vous apprendrez à réagir correctement à diverses erreurs.

1. Légères interruptions

Une légère interruption de la leçon se produit lorsque l'explication n'est interrompue que pendant quelques secondes ou minutes et/ou que la distraction est très faible. L'interruption en elle-même n'est donc pas pertinente, mais peut devenir un problème si l'enseignant se laisse distraire ou lui accorde trop d'importance. Indépendamment de cela, il peut aussi arriver que d'autres élèves profitent du comportement perturbateur pour être inattentifs, pour interrompre davantage ou pour attaquer le perturbateur. Dans ces cas, la perturbation légère se transforme en perturbation modérée, mais la classification perturbation légère doit se référer au point de départ.

1. Billets

Les cours de langues étrangères portent généralement sur la grammaire et les phrases. L'enseignant sait déjà que le sujet n'est pas très intéressant car il est souvent perçu comme difficile et inutile, il est donc déjà préparé au fait qu'il pourrait y avoir des interruptions. Cependant, il explique le sujet avec passion et encourage les élèves à l'aider en donnant des exemples à écrire au tableau. Il espère faire participer tout le monde.

Le plan fonctionne, mais un élève semble être distrait. Par intervalles, l'enseignant observe la jeune fille assise à l'extrême gauche et une autre assise à l'extrême droite qui écrivent quelque chose puis le plient, après quoi les élèves passent quelque chose sous les tables. Pour ceux qui ne les connaissent pas, ce sont des notes que les camarades de classe utilisent pour échanger des mots

pendant les cours sur quelque chose qui leur semble plus important que le sujet traité.

Ce sont surtout les deux filles qui sont distraites, mais les autres sont aussi perturbées, car elles doivent passer la note. Le professeur laisse faire quand même. Après avoir terminé l'écriture au tableau, elle veut l'effacer pour faire de la place à d'autres phrases. Effrayés, les élèves demandent à attendre, car ils doivent encore tout recopier.

1. Téléphone

Dans une classe, des mini-présentations sur l'économie et la politique sont en préparation. Les élèves se sont donc réunis en groupes. Pendant cette heure, ils préparent leurs stations afin de pouvoir ensuite les présenter à la classe.

Les groupes sont équilibrés et travaillent avec intérêt sur leurs sujets. Certains se comportent de manière très calme et pratique, d'autres voient la chose de manière plus humoristique et ne font aucun progrès. Au bout d'un moment, un élève d'un des groupes concentrés se plaint de ceux qui font trop de bruit. Ils s'excusent et essaient de travailler de manière plus calme et plus concentrée.

Quelques minutes plus tard, on entend un téléphone portable sonner à plein volume. Irrités, tous vérifient immédiatement si le leur est éteint. La sonnerie s'arrête et une voix de fille s'écrie avec embarras: "Désolé, j'ai oublié de l'éteindre". C'est la même fille qui, plus tôt, avait demandé aux chahuteurs de se taire.

"Vous nous grondez, mais c'est vous qui dérangez!" répondent les autres. "Ça peut arriver à tout le monde!" répond la fille. "Non, si tu éteins ton téléphone portable avant d'aller à l'école, ça n'arrivera pas!" lui répond à nouveau l'un des chahuteurs ; un autre lui crie une insulte.

La fille les incite à se calmer, mais c'est inutile. L'enseignant intervient et demande à chacun de continuer à travailler calmement et avec concentration. Après quelques instants, l'atmosphère se calme et chacun continue à préparer sa présentation.

1. Livres oubliés

"Sortez vos livres et allez à la page 48", dit l'enseignant au début de la leçon. Tous les élèves se penchent sur leur sac à dos et posent leurs livres sur leur bureau. Est-ce que tout le monde fait ça? Non, sept élèves restent la tête sous la table et continuent à fouiller. Au bout d'un moment, ils lèvent la tête avec un air embarrassé: "J'ai oublié mon livre!" crie un garçon. Plusieurs autres personnes l'ont également oublié.

"Alors s'il vous plaît, regardez les livres des personnes assises à côté de vous", répond l'enseignant, visiblement très contrarié par l'incident. "Oui, mais...", entend-on de l'avant-dernière rangée. Il y a quatre élèves assis les uns à côté des autres sans livres. Non, même cinq - il n'y en a qu'un seul maintenant. Au moins un élève de la rangée a un livre, mais ce n'est pas suffisant pour tout le monde. Et maintenant? Pour que tout le monde puisse travailler, il faut que tout le monde puisse regarder un livre et, si possible, sans avoir à sauter par-dessus des cerceaux.

Les élèves des autres rangées se passent leurs livres, certains sans se rendre compte qu'ils n'en auront pas assez dans leur propre rangée. En regardant, l'enseignant devient de plus en plus impatient et agacé.

Au lieu de garder son calme et d'aider à distribuer les livres, il réprimande les élèves pour leur attitude face au travail, car il considère que l'oubli des livres est un signe de manque de motivation.

1. Collègues

Dans la leçon d'histoire, le professeur est occupé à expliquer la Révolution française. Les élèves écoutent avec enthousiasme sa présentation vivante et divertissante. Juste avant qu'il leur annonce que le roi est décapité, on frappe à la porte.

L'enseignant interrompt le cours et répond: "Oui?". La porte s'ouvre et un collègue demande: "Excusez-moi, mais pourriez-vous m'aider un peu? Je n'arrive pas à faire démarrer le projecteur. Le professeur d'histoire dit qu'il serait en fait occupé, mais il aide quand

même son collègue. Croyant qu'il ne s'agit que d'une minute, il s'excuse brièvement auprès de la classe et, entre-temps, ne leur donne rien à faire.

Une minute se transforme en cinq et, comme les élèves s'ennuient, ils commencent à parler ou à jouer avec leur téléphone. Puis le professeur revient et dit: "Alors, passons à autre chose! Où en étions-nous?"

Oui, c'est une bonne question! Le professeur ne reprend pas son cours et les élèves ne sont soudainement plus aussi enthousiastes. La plupart d'entre eux écoutent à moitié, certains continuent même à jouer avec leur téléphone portable.

À la fin de la leçon, l'enseignant, qui n'est plus aussi enthousiaste mais plutôt frustré, confie à la classe une tâche que la plupart d'entre eux ne peuvent pas accomplir parce qu'ils n'ont pas prêté attention aux informations importantes. La frustration se répand partout: tout avait si bien commencé, mais la Révolution française est devenue un sujet ennuyeux.

1. Animaux

Pendant le cours d'allemand, un élève près de la fenêtre est visiblement distrait. Il continue à regarder dehors avec une expression très enthousiaste sur son visage. De temps en temps, il regarde aussi le professeur ou sa feuille de papier, mais son attention ne cesse de vagabonder.

Il y a un grand arbre juste en face de la fenêtre. La partie centrale de l'arbre se trouve exactement au niveau de la salle de classe. En soi, ce n'est pas particulièrement excitant pour les élèves, mais aujourd'hui, quelque chose semble être différent, car le regard du garçon se porte vers la cime de l'arbre. Plus précisément, il se penche sur une branche spécifique. Involontairement, les yeux des autres élèves suivent la même direction et ils semblent eux aussi envoûtés.

L'enseignant regarde également, mais ne trouve rien et demande donc ce qui est si intéressant. "Il y a un nid! Avec plein de petits oiseaux! La mère nourrit les petits!" crient certains d'entre eux à

l'unisson. Le professeur se lève et va à la fenêtre. En effet, une petite famille d'oiseaux vit dans l'arbre, et les parents se relaient pour s'occuper des poussins qui demandent de la nourriture.

Bien sûr, c'est plus excitant et probablement plus logique que d'interpréter un poème du XIXe siècle. Malgré cela, malheureusement, un programme d'études pourrait consister à interpréter de la poésie et non de l'ornithologie.

1. Quand la leçon commence-t-elle?

A 8 heures, tous les élèves sont présents pour leur cours de chimie. Bien sûr, le professeur est aussi à l'heure et contrôle lui- même tout le monde. Il n'en manque qu'un. Personne ne sait s'il est malade.

La leçon commence et se déroule de manière concentrée. Plus personne ne pense à l'élève absent. Puis, à 8h26, la porte s'ouvre soudainement. Un garçon visiblement fatigué entre et marmonne: "Désolé, je suis en retard!". C'est l'élève qui était absent. Donc il n'est pas malade! Alors qu'il s'approche de son bureau, certains des autres garçons rient.

Le professeur n'est pas content de l'interruption de son cours et du fait qu'il soit en retard. La ponctualité est pour lui la principale vertu. Il demande avec colère à l'étudiant: "Pourquoi ne viens-tu que maintenant?". Le garçon répond qu'il a regardé l'emploi du temps et qu'il pensait que la classe commencerait à la deuxième période aujourd'hui. "Tu ne peux pas te comporter comme ça! Comment vas- tu trouver un emploi?", répond le professeur en secouant la tête alors que des rires fusent entre les rangées.

1. Interruptions modérément graves

Dans le cas de troubles modérément graves, la leçon est interrompue pendant une période plus longue et/ou la distraction est relativement importante. Un mauvais comportement de l'enseignant peut transformer une perturbation modérément grave en une perturbation grave.

1. Le caoutchouc perdu

La leçon de géographie en 4c s'est déroulée sans problème jusqu'à présent. L'enseignant a donné une tâche individuelle et tout le monde est concentré. Mais à cause du silence, nous entendons bientôt des bruissements et des cliquetis de plus en plus sauvages. Un garçon cherche désespérément quelque chose dans sa trousse à crayons. Jusqu'à présent, cependant, personne ne s'en est soucié.

Le garçon s'agite de plus en plus, puis jette tout le contenu de sa trousse sur la table et fouille dedans. Son voisin de gauche lui dit à voix basse qu'il ne peut pas se concentrer et qu'il doit s'arrêter. Le garçon répond d'une voix irritée qu'il cherche sa gomme et ne la trouve pas.

La fille lui tend alors sa gomme et lui dit: "Pourquoi ne pas me le demander?". Il répond, encore plus irrité, qu'il ne s'agit pas d'effacer quelque chose, mais que c'était sa gomme préférée, reçue de son grand-père, récemment décédé. Il est au bord des larmes.

Les autres élèves ont arrêté de faire leurs devoirs. Toute l'attention est portée sur la conversation à propos de la gomme. Certains regardent dans leur trousse à crayons pour voir si l'objet manquant ne s'y est pas accidentellement perdu, tandis que d'autres commencent à taquiner le garçon. Ce dernier se met à pleurer. La personne assise à côté de lui le réconforte, la fille à sa droite cherche la gomme sur le sol.

1. L'école de la beauté

En cinquième année, le professeur de mathématiques est occupé à expliquer un nouveau sujet au tableau. Pendant ce temps, il n'a qu'une vue partielle de ce qui se passe dans la classe, mais tout est largement calme.

Soudain, il y a une odeur chimique âcre. Presque simultanément, la voix d'un garçon retentit: "Hé, tu es fou? Ce n'est pas un salon de beauté!". D'autres élèves crient également: "Ça pue! Tu ne peux pas faire ça à la maison? Arrêtez!"

L'enseignant regarde autour de lui et, après une certaine confusion, comprend ce qui se passe: une fille au dernier rang profite du cours pour se colorer les ongles. L'agitation ne semble même pas la déranger et elle ne réagit même pas à l'avertissement du professeur. Elle semble complètement perdue dans ses pensées. Ce n'est que lorsque le professeur s'approche et crie qu'elle lève les yeux. Elle referme le flacon de vernis à ongles et dit: "Je ne savais pas que ça me gênait...".

Les autres jeunes gens évacuent leur colère. L'air froid entre par l'extérieur, car l'enseignant a eu la bonne idée d'ouvrir toutes les fenêtres. Malheureusement, la température extérieure est inférieure à zéro, ce qui pose un autre problème. Les leçons continuent, mais la concentration a disparu, tout le monde est froid et on entend des insultes à l'égard de la fille au vernis à ongles.

1. Questions

En français, les thèmes du sport et du bien-être physique sont abordés et les pronoms objets sont également étudiés. Le devoir de classe est à rendre la semaine suivante et de nombreux étudiants ont encore des problèmes dans au moins un des sujets. C'est pourquoi l'enseignant veut passer en revue tous les sujets et dit explicitement aux élèves qu'ils doivent poser des questions s'ils ne comprennent pas quelque chose.

Certains saisissent l'occasion et beaucoup de choses deviennent claires. Un élève a de nombreuses questions. Il est parmi les pires en français, donc c'est compréhensible. Il commence par poser des questions pertinentes telles que: "Comment savoir s'il s'agit d'un objet direct ou indirect?" ou "Comment dire <<Je suis tombé à vélo>>?".

Il pose les questions "Pourquoi les objets indirects n'ont-ils pas une forme masculine et féminine?" et "Pourquoi l'œil a-t-il un si drôle de pluriel?" auxquelles personne ne peut répondre, mais qui sont aussi absolument inutiles.

Le temps, qui est une occasion importante pour les élèves de se préparer à l'examen, passe et, à la fin de la leçon, la moitié seulement de ce qui était prévu a été discuté et mis en pratique. Tout le monde est très ennuyé et a peur de la tâche, y compris l'enseignant.

1. Bruits physiques

Calculer et dessiner des graphiques de fonctions n'est pas passionnant, comme le montre le point 2c. La moitié de la classe a une expression faciale entre l'agacement et la somnolence. L'enseignante le prend calmement, elle sait que c'est difficile et, après tout, les intérêts sont différents. Si on ne veut pas participer, on ne le fait pas, pense-t-il, et il dirige ses leçons vers plus de la moitié d'entre eux, qui au moins ne montrent pas extérieurement qu'ils préféreraient être ailleurs.

Beaucoup essaient de ne pas se laisser distraire, mais l'environnement devient de plus en plus bruyant. Il en va de même pour certains étudiants.

La patience de l'enseignant est maintenant à bout. Il demande à la classe qui fait ces bruits étranges. Le silence s'étend et n'est rompu que par d'autres bruits. Le coupable est vite trouvé: un garçon à l'extrême gauche mâche un chewing-gum et fait d'énormes bulles qui éclatent devant son visage. Même lorsque l'enseignant se tient devant lui et lui demande d'arrêter, il continue. Il semblerait que ce soit une provocation. L'enseignant ne sait pas quoi faire, sauf envoyer l'élève hors de la salle, ce qu'il accepte volontiers.

1. Un discours intéressant

Le latin est enseigné en 3b: c'est le dernier cours de la journée. Tout le monde attend avec impatience la fin de l'école et a faim. L'humeur générale est agitée et le latin, en général, n'est pas considéré comme une langue intéressante. Néanmoins, l'enseignant fait de son mieux pour enseigner quelque chose aux élèves.

Certains participent activement, d'autres prennent au moins des notes. D'autres encore regardent rêveusement dans le vide. De temps en temps, il y a un "Oh non, c'est trop difficile!" ou un "On ne peut pas finir plus tôt?". Les bâillements et les bruits se mêlent à l'environnement.

Au début, personne ne remarque que deux étudiantes ont une conversation animée, étant donné la confusion générale. La conversation commence par un chuchotement et ne dérange pas ceux qui sont assis à côté de nous. Avec le temps, cependant, les mots deviennent de plus en plus clairs, jusqu'à ce que les élèves assis devant et le professeur puissent tout entendre. Les deux filles sont tellement absorbées par leur conversation qu'elles ne le remarquent même pas.

Elles parlent d'un garçon de la classe d'à côté qu'elles trouvent mignon. En fait, personne n'est censé le savoir, mais maintenant tout le monde le sait. Le silence se répand car les autres élèves veulent entendre les détails. Cependant, cela n'est d'aucune utilité pour la classe.

"C'est vraiment très intéressant, mais ne préfères-tu pas en discuter seul après l'école?" crie le professeur, mi-agacé, mi- compatissant.

1. Avions en papier

En classe de musique de sixième année, pour une fois, la théorie est à l'ordre du jour: on parle de clés et de notes de musique. Les élèves aiment beaucoup les cours de musique, mais seulement parce qu'ils chantent ou jouent souvent. Maintenant, ils ont devant eux des documents ennuyeux et sont censés reconnaître sur des tableaux médiocres ce qu'est un ton majeur ou mineur et sur d'autres comprendre où se trouve la même note une octave plus bas.

L'enseignant a tout expliqué au préalable, mais il est maintenant temps de travailler en silence et de ne se confronter qu'à la fin. Tout le monde est ennuyé, seul le professeur est de bonne humeur. Un avion en papier s'envole dans la salle et atterrit sur le bureau de l'enseignant. L'enseignant lève les yeux, mais ne voit que les élèves qui fixent leurs papiers avec attention. Confus, il regarde l'avion: c'est l'un des papiers avec la tâche assignée. Pendant qu'il le regarde, un deuxième avion arrive.

Les autres élèves qui ont lancé des avions en papier interviennent pour qu'un garçon ne soit pas le seul responsable, mais le professeur ne veut pas le croire. Une grande discussion s'ensuit.

1. Visite intrusive

Vous avez une leçon d'histoire par une chaude journée de début d'été: deux fenêtres sont ouvertes pour que l'air intérieur s'améliore, car l'oxygène est connu pour stimuler la capacité de concentration. Le soleil brille dehors, il n'y a pas de vent et les fleurs s'épanouissent dans la prairie. Même s'ils doivent être en classe, tous les élèves sont de bonne humeur. Ils parlent du déclenchement de la Première Guerre mondiale. Ce n'est pas un sujet joli, mais la plupart des gens le trouvent plus intéressant que d'autres.

Soudain, deux étudiants entendent un bourdonnement. Ils ne savent pas d'où ça vient. "C'est juste une abeille, elle ne fait rien", dit une fille qui a entendu le bruit. "Ce n'est pas une abeille, c'est une guêpe!" crie l'un des garçons. Les élèves assis à proximité sont également agités, tandis que ceux assis plus loin crient d'agacement: "Ce n'est qu'un animal, pourquoi faites-vous tant de bruit?".

L'enseignant leur dit de se taire et leur explique que la guêpe n'est pas un danger. Il pense aussi que l'insecte va s'envoler rapidement. La guêpe, cependant, semble avoir une opinion différente. Il inspecte toutes les tables, les classeurs, les trousses à crayons, les livres et les cahiers.

Les jeunes ont du mal à rester calmes. Ils deviennent involontairement nerveux et agitent leurs mains, certains frappent même l'animal. Évidemment, la guêpe n'aime pas du tout cela et devient de plus en plus agressive. Certains élèves sautent et crient alors que l'animal se rapproche de plus en plus. L'enseignant me rappelle sans cesse de me taire, mais cela ne sert à rien.

La guêpe s'appuie sur le bureau du professeur. L'enseignant essaie de rester calme pour donner le bon exemple, mais il devient nerveux et frappe l'animal. Au lieu de s'envoler à nouveau, la guêpe fait à nouveau le tour de la classe.

C'est la dernière heure et les élèves de cinquième année ont déjà eu une journée difficile: elle a commencé par une double leçon d'anglais, suivie d'une leçon d'espagnol, puis d'une leçon de biologie, d'une leçon de mathématiques et d'une leçon de géographie. Il leur reste encore une heure. Pendant toutes les heures précédentes, ils ont dû travailler dur et faire beaucoup de devoirs. Ils devront passer un test d'anglais, un test d'espagnol et faire une présentation de géographie.

Les étudiants sont au bord du désespoir. Comment sont-ils censés tout faire? Qui a choisi ces horaires? Complètement nerveux et fatigués, ils assistent quand même au cours. Ils espèrent pouvoir se reposer. Ils ont récemment terminé leurs présentations et, pour autant qu'ils le sachent, ils sont dans les temps. Ils pensent que

l'enseignant a du cœur, peut-être en leur faisant regarder un film ou en discutant d'un sujet.

L'enseignante, cependant, a d'autres plans. Elle entre tard dans la pièce, pleine d'énergie, avec le sac de papiers sous le bras. Elle ne remarque même pas les visages fatigués. Elle ouvre le sac et en sort une grande pile de notes, dont elle remet immédiatement certaines à l'élève assis à sa gauche. Bien sûr, cela signifie que des cartes seront distribuées. Elles sont imprimées sur les deux faces. La police est très petite. De cette façon, plus de paragraphes peuvent tenir sur la feuille. En bas du dos se trouvent les tâches et il y a six exercices. La fiche sera évaluée. C'est clair pour tout le monde: cette leçon ne sera pas détendue et reposante.

Les élèves échangent des regards et secouent la tête. Pendant ce temps, l'enseignante leur demande de s'engager, mais personne ne lui obéit, ils se penchent tous en arrière et secouent la tête de manière synchrone. "Quel est le problème?" demande le professeur, horrifié. Le délégué de classe répond: "Nous en avons déjà trop fait aujourd'hui. La journée a été fatigante et nous avions déjà beaucoup de devoirs. En outre, nous devons toujours étudier pour les devoirs et les tests et préparer des présentations. C'est trop, nous sommes épuisés.

Le professeur ne comprend pas et dit: "Mais la mienne est aussi une leçon importante!". Les élèves tentent en vain de lui expliquer qu'ils n'ont plus d'énergie et qu'il n'y a rien d'urgent dans son emploi du temps pour le moment. L'enseignant se met en colère et menace de donner une punition, mais les élèves ne cèdent pas. L'heure passe donc quand même, mais ils ne doivent pas travailler.

Chapitre 3

Certains enseignants pensent que les élèves interrompent simplement pour s'amuser et qu'ils ne sont donc pas intéressés par l'apprentissage. Pourtant, les recherches indiquent que chaque être humain naît avec un désir inné d'apprendre. Alors comment est-il possible que les élèves interrompent les cours au lieu de profiter de l'occasion pour poursuivre leurs études ?

D'une part, le problème réside dans le fait que la volonté innée d'apprendre se perd si l'on n'a pas la bonne motivation. De nombreux enseignants pensent que le contenu de leurs matières est intéressant et que l'élève doit écouter attentivement. Ils semblent avoir oublié qu'ils ont eux-mêmes été étudiants. Par conséquent, ils n'essaient souvent même pas de rendre les cours intéressants, ou ils se trompent sur ce qui est réellement stimulant et motivant pour les élèves.

De nombreux autres facteurs interviennent dans l'enseignement, dont je parlerai en détail dans un instant. D'autres aspects qui peuvent conduire à un comportement perturbateur sont les problèmes personnels des élèves, qu'ils soient liés à la matière, à l'apprentissage général, aux difficultés extrascolaires ou aux conflits avec les camarades de classe. Enfin, il peut y avoir des perturbations extérieures sur lesquelles ni l'enseignant ni les élèves n'ont d'influence, mais auxquelles ils doivent néanmoins faire face.

1. Type d'enseignement

La manière dont vous concevez et conduisez les leçons et présentez les sujets a une influence significative sur la motivation des élèves. Même les élèves en difficulté peuvent se laisser emporter par la leçon et éviter ainsi d'être dérangés. À l'inverse, si l'enseignant rend les cours inintéressants ou démotivants, même les élèves les plus ambitieux peuvent perdre tout intérêt pour l'apprentissage. Dans ce qui suit, j'aimerais expliquer brièvement les différents points qui peuvent provoquer la perturbation ou le désintérêt des élèves.

Une mauvaise préparation montre aux élèves que vous n'êtes pas vraiment intéressé par le sujet ou que vous ne vous souciez pas que les élèves apprennent quelque chose. Il ne s'agit pas seulement de l'exactitude du contenu, mais aussi de tâches bien conçues, de l'utilisation harmonieuse des médias et des aides techniques, d'une répartition raisonnable du temps de cours et de l'ouverture aux questions dans le contexte thématique.

Des explications insuffisantes, voire incorrectes, sont tout aussi démotivantes.

Si vous n'expliquez pas correctement un sujet, les étudiants n'auront pas l'impression que leur réussite est importante pour vous (à moins qu'ils ne connaissent déjà eux-mêmes le sujet). Cependant, cela crée un déficit d'apprentissage et dès que les élèves le remarquent, ils deviennent frustrés. Cela peut se produire, par exemple, lors d'un contrôle de classe ou d'une leçon de remplacement, ou lorsque vous corrigez un devoir et que vous remarquez que quelque chose ne va pas.

Certains essaient alors de traiter eux-mêmes le contenu, d'autres jettent l'éponge et se désintéressent du sujet. Certains élèves développent même une aversion pour l'enseignant en question parce qu'ils se sentent déçus par lui ou ont des doutes sur ses compétences. Une seule explication erronée ne suffit généralement pas à démotiver les élèves, mais si des explications inexactes, incompréhensibles ou erronées sont données à plusieurs reprises, la probabilité que cela se produise est élevée. Étant donné que les contenus s'appuient souvent les uns sur les autres, l'effet est durable et concerne généralement le sujet, même si un nouvel enseignant devait reprendre le cours une autre année scolaire.

De bonnes explications et une bonne préparation passent aussi par un bon matériel et des présentations compréhensibles. Si les contenus pédagogiques, les exercices ou les devoirs sont écrits au tableau, chaque élève doit pouvoir les lire. Le simple fait de demander à la personne à côté de vous ou au professeur ce qui est écrit constitue déjà une perturbation mineure et doit être évité.

Chaque enseignant est humain et a une écriture personnelle, qui n'est pas toujours particulièrement belle. En outre, il n'est pas si facile d'écrire sur le tableau noir et, lorsqu'on se trouve directement en face de lui, il est difficile d'évaluer ce que l'on peut voir à quelques mètres ou sous un certain angle. Au plus tard après quelques années de pratique professionnelle, chaque enseignant devrait en fait y être habitué. Cependant, certains enseignants présentent la plus merveilleuse "griffe de porc" et la combinent même avec des peintures sur bois qui pourraient facilement passer pour de l'art abstrait. Il est compréhensible que les étudiants se désintéressent à un moment donné.

Même les photocopies mal faites peuvent devenir un problème pour l'apprentissage. L'impression est peut-être trop claire, les textes sont coupés sur les côtés, le dernier paragraphe est manquant, il y a des stries et des points épars sur les explications - un seul regard sur une telle feuille et vous avez l'impression que le contenu n'est pas important. Bien sûr, en tant qu'enseignant, vous ne pouvez rien faire pour améliorer la qualité d'impression, mais vous devez tout de même encourager l'école à envisager l'achat d'une nouvelle photocopieuse. Cependant, c'est à vous de décider si certaines parties des textes ou des activités doivent être coupées ou manquées.

Pour en revenir au tableau noir, une erreur courante commise par les enseignants est de parler vers le tableau noir pendant qu'ils expliquent quelque chose. D'une part, il est naturel de regarder où l'on écrit, notamment pour la lisibilité. Cependant, beaucoup restent complètement ou majoritairement dos à la classe pendant qu'ils expliquent le contenu, au lieu de regarder principalement les élèves et de ne se tourner que brièvement pour écrire. De cette façon, les élèves n'ont pas l'impression d'être pris en considération et n'écoutent donc pas attentivement. En outre, vous ne remarquez pas ce qui se passe en classe, par exemple si quelqu'un plaisante ou lève la main pour poser une question.

Vous ne pouvez pas changer le fait que certains contenus sont insignifiants et ennuyeux pour certains élèves. Cependant, le fait qu'un sujet soit perçu comme ennuyeux ne dépend pas principalement du contenu lui-même, mais de la manière dont l'enseignant l'explique. Certains enseignants se contentent d'énumérer des informations, d'écrire quelque chose au tableau et de faire faire aux élèves des exercices dans le livre sans développer leurs propres idées ou présenter le contenu clairement. De cette manière discrète, ils privent les élèves de la possibilité de s'impliquer dans le sujet, de sorte que même les sujets perçus comme intéressants en soi semblent soudainement ennuyeux.

L'ennui peut également résulter de tâches trop faciles ou répétitives, car les explications ou les exercices trop difficiles ou qui se succèdent trop rapidement frustrent les élèves. Ils donnent le sentiment qu'ils ne sont pas assez intelligents pour suivre les cours, de sorte que les élèves abandonnent parfois parce que, selon eux, ce serait un effort inutile. Certains perçoivent également un tel comportement de la part d'un enseignant comme un manque d'égards et, par conséquent, ne le prennent pas en considération. De même, une quantité excessive de devoirs ou une structure de cours illogique peuvent être responsables des mêmes effets.

Outre les aspects professionnels, il y a aussi la composante personnelle. Certains enseignants sont très stricts et autoritaires, tandis que d'autres sont très permissifs et laissent l'élève faire n'importe quoi. Les deux ont des perturbations dans la classe, car les élèves se rebellent contre le premier, tandis que le second n'est

pas pris au sérieux. Il est également problématique que les enseignants mettent trop de pression, par exemple en menaçant de donner des notes négatives, des devoirs supplémentaires ou des entretiens avec les parents, ou en disant aux élèves qu'ils doivent travailler plus dur pour faire un bon travail. La pression crée automatiquement des sentiments d'inconfort et d'aversion. Elle entraîne également du stress, dont on sait qu'il réduit la capacité de concentration.

Certains enseignants semblent également oublier que leurs élèves sont des êtres sensibles qui ont individuellement des caractéristiques et des histoires personnelles très différentes. Certaines filles et certains garçons sont "cool", d'autres ne le sont qu'en apparence, d'autres encore sont timides. Certains d'entre eux se débrouillent très bien à la maison, d'autres ont des problèmes dans leur famille. Une classe n'est jamais complètement homogène, il y a même parfois des mondes différents parmi quelques élèves.

Malheureusement, il est difficile de soutenir chaque personne individuellement dans les classes, mais vous pouvez faire en sorte que chacun soit également impliqué et se sente respecté. Pour savoir comment procéder, consultez le chapitre 5. Malheureusement, il arrive souvent que les enseignants s'intéressent davantage à la progression du programme ou du plan d'enseignement qu'à l'accompagnement de tous les élèves. Certains enseignants ont également tendance à développer des préférences et des préjugés personnels. Par exemple, un élève sera toujours étiqueté "bon collaborateur" même s'il est distrait, un autre sera toujours "le silencieux" même s'il parle souvent, et un autre encore sera "le fauteur de troubles" même s'il s'est mal comporté une fois. Pour ceux qui reçoivent une étiquette défavorable, cela est très démotivant et les incite à se comporter exactement comme ils ne devraient pas.

En outre, le comportement général de l'enseignant peut influencer la volonté des élèves d'apprendre. D'une part, les émotions négatives ont un effet néfaste sur le cours, par exemple lorsqu'un enseignant se met en colère, se vexe, semble déprimé ou pleure. Il peut y avoir de bonnes raisons pour qu'un enseignant ne contrôle pas totalement ses émotions, mais une fois que vous êtes debout ou assis devant la classe, il est préférable de tout éteindre et de vous concentrer pleinement sur la leçon. Si vous ne le faites pas, vous courez le risque de ne pas être pris au sérieux, peut-être même d'être ridiculisé, et en tout cas d'interrompre vous-même la leçon. Parce que les émotions nous distraient et nous retiennent.

Cela ne signifie pas que les enseignants doivent être froids et distants, bien au contraire, car cela constitue également un problème. Les élèves ne veulent pas seulement quelqu'un qui leur inculque des connaissances spécialisées, mais aussi quelqu'un qui les comprenne et les écoute, même s'il est nécessaire de parler du contenu de la leçon. Si un enseignant ignore les souhaits, les besoins et les sentiments des élèves, cela est perçu comme un manque de respect et donne aux filles et aux garçons le sentiment d'être inutiles en tant qu'êtres humains. Pour vous, la classe est un groupe, mais chacun vient à l'école en tant qu'individu et veut être reconnu comme tel.

Bien sûr, le sujet doit être abordé, même si quelqu'un ne va pas très bien mentalement ou si quelqu'un n'a pas du tout accès à un sujet. Tout dépend de la manière dont l'enseignant communique et s'il répond à tout le monde de la meilleure manière possible ou s'il se contente de "faire les choses".

C'est encore pire si certains enseignants font des commentaires condescendants sur les élèves, par exemple en ce qui concerne les résultats d'apprentissage ou le comportement, mais aussi les caractéristiques personnelles. C'est assez douloureux en privé, mais encore plus devant toute la classe.

1. Conflits entre étudiants

Les enseignants ne sont pas les seuls responsables des perturbations. Comme nous l'avons déjà expliqué, il y a des personnes très différentes dans une classe, qui ont toutes des expériences différentes et sont exposées à des influences extérieures à l'école. Certains élèves sont calmes, pacifiques et tolérants, d'autres sont pleins de préjugés et désireux d'apparaître comme les meilleurs.

Les brimades sont malheureusement à l'ordre du jour dans de nombreuses classes. Parfois, il s'agit "simplement" de taquineries, de rires ou de la formation de groupes pour exclure les autres, parfois il y a des hostilités ouvertes et même des attaques physiques. La victime peut être toute personne qui ne s'intègre pas dans les groupes qui se sont formés. Peut-être que quelqu'un vient d'un milieu pauvre et ne peut donc pas s'offrir des vêtements coûteux, peut-être que quelqu'un a un passe-temps inhabituel, peut- être que quelqu'un est très calme, a des problèmes d'élocution, des taches de rousseur ou est en surpoids. Les raisons peuvent être très diverses, mais il est plus important de dire que les brimades n'ont pas de raison d'être, si ce n'est dans la psyché du brimé lui-même.

Les brutes essaient d'augmenter leur propre manque d'estime de soi en humiliant les autres. La personne peut ne pas être suffisamment reconnue à la maison, avoir peur d'être exclue à son tour ou se sentir inférieure à la personne intimidée. Lui seul sait pourquoi il se comporte ainsi, mais très peu de gens l'admettent, surtout à eux- mêmes. Ce type de comportement provient souvent du subconscient.

Tout cela ne doit servir que d'information générale, car en réalité, cela ne change rien aux perturbations dans la classe. Les brimades nuisent à l'atmosphère de la classe, affectent l'apprentissage de la personne brimée (et aussi dans ses autres sphères) et peuvent directement interrompre la leçon, par exemple en ne faisant pas travailler les autres.

Une autre question entre en jeu: la convivialité. Lorsque certains élèves brutalisent quelqu'un, les autres se sentent encouragés à participer. La plupart des brimades sont le fait d'une seule personne, mais d'autres y participent parce qu'ils y voient une occasion de s'intégrer et de se protéger des brimades.

En outre, cette adhésion a également un effet général sur le comportement des élèves. Si certains élèves populaires montrent peu d'intérêt pour le cours, par exemple en s'occupant d'autres choses pendant le cours, en faisant les idiots, en parlant au milieu du cours ou en ne faisant pas leurs devoirs, cela semble "gentil" aux autres et ils copient ces manières. Bien sûr, tout le monde ne réagit pas de cette manière. Certains se démarquent du groupe, travaillent avec concentration et ne prennent pas part aux brimades. Là encore, c'est une question de confiance en soi.

Il est possible que la majorité de la classe ait un bon comportement social, mais que certains élèves soient égoïstes et irrespectueux. Des conflits surviennent toujours, car d'une part, certains élèves socialement compétents sont susceptibles de faire remarquer aux égoïstes leur mauvais comportement et d'autre part, les égoïstes essaient de s'affirmer.

Cependant, le comportement de groupe n'est pas le seul à avoir un effet négatif, les rivalités entre les élèves sont également importantes. Deux filles qui se taquinent peuvent être tout aussi distrayantes que deux garçons qui se disputent pour savoir qui est le plus fort.

Les raisons peuvent être diverses et fondamentales ou basées sur un conflit actuel, par exemple entre de bons amis.

Une raison possible est que les deux sont amoureux de la même fille ou du même garçon. À l'inverse, des conflits surgissent également lorsqu'il y a un couple ou un ex-couple dans la classe et que l'un d'eux flirte avec quelqu'un d'autre. C'est aussi le moment où les élèves vivent l'amour et les ruptures pour la première fois et ne peuvent penser à rien d'autre, même pendant le cours.

1. Difficultés individuelles

Indépendamment de ce qui se passe dans la classe et du comportement de l'enseignant, les difficultés personnelles de certains élèves peuvent les amener à interrompre les cours. D'une part, il peut y avoir des problèmes à la maison ou dans la famille qui mettent la fille ou le garçon à rude épreuve sur le plan émotionnel ou qui nécessitent plus de temps pour apprendre. Par exemple, un parent a perdu son emploi ou est dépendant de l'alcool, les parents divorcent, la grand-mère ou le grand-père est gravement malade, la famille vit dans la pauvreté, les parents sont très stricts ou ne s'occupent pas assez des enfants. Les élèves en question tentent parfois de compenser le stress psychologique par un comportement manifeste, ou bien ils deviennent introspectifs et se perdent dans leurs pensées.

En raison de difficultés à l'école, que ce soit avec des camarades de classe, certains professeurs ou la matière elle-même, les élèves ont parfois tendance à se comporter de manière distraite. Par exemple, s'ils sont victimes d'intimidation, ils peuvent avoir peur de s'exprimer en classe et leurs pensées négatives peuvent les distraire de leurs études, ce qui fait baisser leurs notes. Cela renforce leur sentiment d'infériorité, ce qui les rend encore plus isolés et moins motivés pour apprendre. Cependant, il est également possible qu'ils deviennent agressifs ou qu'ils se comportent délibérément d'une manière qui attire une attention négative. L'isolement et le comportement impétueux peuvent se produire même sans intimidation, par exemple en cas de dyslexie ou de dyscalculie, ou en cas de blocage de l'apprentissage dans une matière particulière.

Le TDAH, l'autisme, la haute sensibilité et la haute intelligence doivent également être mentionnés. Le TDAH et l'autisme sont des troubles du développement qui entraînent un comportement anormal et un manque de concentration, tandis que la haute sensibilité et la haute intelligence sont des talents particuliers. Toutefois, s'ils ne sont pas correctement reconnus et encouragés, ils peuvent également entraîner des difficultés d'apprentissage et de comportement général.

En effet, les personnes très sensibles sont tellement submergées par la perception des stimuli et des sentiments de l'environnement qu'elles sont incapables de se concentrer et se sentent inférieures ; elles se replient donc sur elles-mêmes ou deviennent bruyantes. Les étudiants très intelligents sont souvent ennuyés par le sujet parce qu'il ne les met pas au défi. Au lieu de se contenter d'écouter, ils créent parfois un blocage intérieur contre l'apprentissage et interrompent le cours ; ce faisant, leurs notes sont parfois très inférieures à leurs capacités. Cependant, ils ne savent généralement rien de leur haute intelligence et ne connaissent donc pas la raison de leur blocage d'apprentissage. À cet égard, ils pensent parfois qu'ils ne sont pas assez intelligents pour comprendre le contenu et, par conséquent, ils peuvent à leur tour développer un complexe d'infériorité et ainsi diminuer davantage leur motivation à apprendre.

Ces quatre sujets sont complexes et ne peuvent être abordés dans cet ouvrage. Veuillez donc les consulter séparément si nécessaire.

1. Perturbations externes

Malheureusement, vous ne pouvez pas influencer ce qui vient de l'extérieur. Il y a des enseignants qui doivent s'imposer, des élèves qui font mal leurs devoirs, des chantiers devant le bâtiment ou dans l'école, des couloirs avec des élèves qui attendent, des salles voisines avec des classes plus bruyantes ou des présentations multimédias, des sonnettes cassées, une climatisation et un chauffage défectueux, des odeurs de toutes sortes, des insectes et bien d'autres choses encore qui peuvent perturber le cours.

Dans la mesure du possible, il convient d'accorder peu ou pas d'attention à ces perturbations.

Si l'interruption rend la leçon difficile ou impossible, vous devez trouver un moyen de la gérer calmement, de poursuivre la leçon et de maintenir la motivation des élèves.

Il faut parfois faire preuve de souplesse, par exemple en changeant de salle ou en modifiant complètement le programme. Mais heureusement, les interruptions graves dues à des raisons extérieures ne sont pas à l'ordre du jour.

Chapitre 4

Quelle que soit la raison de l'interruption d'un cours, en tant qu'enseignant, vous devez réagir correctement. Dans le cas d'interruptions modérées et sévères, une intervention est indispensable afin de poursuivre la leçon ou de désamorcer la situation. L'intervention peut également signifier l'arrêt temporaire de la leçon pour résoudre la situation problématique. La forme que doit prendre votre intervention varie d'un cas à l'autre. Cependant, il existe quelques règles de base que je vais vous présenter dans ce chapitre. En outre, je voudrais utiliser les exemples du deuxième chapitre pour vous montrer comment réagir favorablement en cas d'interruptions majeures ou de gravité similaire.

1. Interruptions mineures - intervenir ou ne pas intervenir?

Dans le cas d'interruptions mineures, la question est de savoir s'il est judicieux d'intervenir ou non. Si certains élèves ne sont tout simplement pas attentifs et préfèrent lire ou dessiner, par exemple, sans que les autres élèves le remarquent, cela n'affecte pas le déroulement de la leçon. Si vous intervenez en rejouant la fille ou le garçon devant la classe, vous risquez de distraire les autres élèves. Il peut également y avoir des perturbations générales. Il s'agit à tout le moins d'une interruption, même brève, de l'enseignement d'une matière. De ce point de vue, il n'est pas opportun d'intervenir en cas d'un tel comportement, car cela provoquerait une rupture inutile.

En tant qu'enseignant, cependant, vous avez la tâche de transmettre le contenu à chaque élève. Par conséquent, si vous remarquez qu'un élève n'est pas attentif, vous devez vous assurer qu'il coopère, car sinon, c'est comme si vous acceptiez qu'il n'apprenne pas et que les parents interviennent pour savoir pourquoi. Le fait que l'enseignant permette aux élèves de faire autre chose pendant le cours a également un effet sur le comportement général, par exemple dans d'autres matières. Vous ne serez plus pris au sérieux si vous tolérez de tels comportements de manière répétée.

Comment résoudre ce conflit? La première priorité est aussi la plus difficile: ne pas se laisser distraire. Ignorez le comportement et poursuivez la leçon sans vous décourager. Dans la mesure du possible, vous devriez toutefois inclure une phase de travail silencieux, car cela vous donne l'occasion de vous adresser personnellement et discrètement à l'élève. Le travail en groupe permet également d'attirer l'attention. Cependant, vous devez vous abstenir de vous adresser à eux, sauf si vous savez que l'élève est seul dans un groupe avec des amis proches. Pas immédiatement, mais pour l'avenir, ce comportement peut avoir un effet positif.

Il n'est pas recommandé de poser une question soudaine à un élève distrait, car si vous l'exposez devant la classe, il se sentira mal à l'aise et développera donc un comportement perturbateur.

Dans tous les cas, s'il y a des perturbations qui ne touchent pas tout le monde, il vaut mieux attendre. De nombreux élèves peuvent travailler de manière concentrée. De même, vous ne devez pas réagir à des interruptions très brèves, car cela prolongerait ces événements, qui peuvent ne durer que quelques secondes, en discussions de plusieurs minutes, voire plusieurs heures.

1. Interventions de base

Dans le cas de toute perturbation active ou involontaire et de tout comportement imprudent, une seule chose s'impose: restez calme! Ne le prenez pas personnellement et ne vous mettez pas en colère. Respirez profondément et détendez-vous. Une saine confiance en soi et une pincée d'humour aident.

Tu te souviens de tes jours d'école? Vous avez vous-même été étudiant, il n'y a peut-être pas si longtemps, et vous n'avez certainement pas toujours été attentif. Vous avez peut-être même interrompu activement des cours de temps en temps, ou du moins vous aviez des amis qui le faisaient. Il y avait sûrement des raisons que vous êtes le seul à connaître et vos élèves ont aussi leurs propres raisons.

Mettez-vous à la place d'un étudiant et demandez-vous:

Qu'est-ce que j'attends de l'enseignant?

Quellespourraientêtrelesraisonsdenepasfaire attention?

Qu'est-ce qui me permettrait de ne pas me gêner et de me sentir à l'aise?

Il ne s'agit pas de rendre les élèves "dociles" de manière dominatrice et autoritaire, mais de leur faire comprendre qu'ils sont des personnes de valeur et qu'il vaut la peine d'apprendre d'eux. Par conséquent, vous ne devez jamais crier, faire pression, insulter ou discréditer de quelque manière que ce soit un élève. Les mesures sévères telles que la confiscation des téléphones portables, les devoirs supplémentaires, les retenues, l'expulsion de la classe, etc. doivent être évitées autant que possible et utilisées uniquement en dernier recours. Si des remontrances amicales répétées n'ont aucun effet et que la situation est trop lourde à supporter pour les autres élèves ou pour vous-même, cherchez à obtenir une punition, mais pas trop sévère. Avant de recourir à de telles mesures, il convient de les expliquer afin que l'élève ait une dernière chance de corriger son comportement exubérant.

Dans tous les cas, si un élève interrompt intentionnellement la leçon ou se montre peu coopératif, cherchez à savoir pourquoi. Parlez personnellement à la fille ou au garçon en dehors de la classe et demandez-lui les raisons de son comportement. Évitez les accusations, soyez amical et, le cas échéant, si la personne ne veut pas en parler, acceptez-le. L'élève peut modifier son comportement de sa propre initiative. Sinon, essayez de lui parler un autre jour.

Si le comportement perturbe massivement les autres élèves ou affecte sérieusement le déroulement de la leçon, vous devez intervenir pendant la leçon. Étant donné que, dans ces cas, l'attention est déjà portée sur la fille ou le garçon, vous n'avez pas à vous soucier de ne pas signaler la perturbation. Ensuite, sans dénigrer, attaquer ou quoi que ce soit d'autre, encouragez gentiment et calmement l'élève à cesser son comportement négatif.

Il est judicieux de discuter après la leçon pour découvrir les problèmes qui ont été à l'origine de la perturbation et ainsi éviter de nouvelles perturbations. Demandez à l'élève pourquoi la perturbation s'est produite et encouragez-le à réfléchir à la manière dont la situation aurait pu être évitée. Le problème de causalité ne peut pas toujours être résolu par l'élève, mais il peut apprendre à l'aborder d'une manière différente. Vous devez l'encourager à éviter certains comportements. Expliquez également à l'élève, de manière amicale et factuelle, pourquoi le comportement en question n'est pas acceptable et demandez-lui d'être respectueux envers les autres élèves.

Si le comportement intentionnellement destructeur persiste pendant une période plus longue ou si les notes baissent à cause de l'inattention et que l'élève ne veut ou ne peut rien changer, vous ne pouvez pas éviter d'en parler aux parents. Bien sûr, cela doit aussi être respectueux, tant pour les parents que pour l'élève.

Si le comportement perturbateur provient de plusieurs élèves, procédez comme indiqué ci-dessus. Si cela a du sens, parlez au groupe après la leçon des raisons de la perturbation ou, le cas échéant, faites-le directement dans la classe. Si les élèves perturbateurs représentent une grande partie de la classe ou si la perturbation est si importante que la leçon ne peut avoir lieu de toute façon, il est logique d'organiser une assemblée. Grâce à une discussion ouverte avec chacun, vous pouvez découvrir les raisons du comportement, définir des règles de conduite communes et, si nécessaire, clarifier les conflits. Cependant, je reviendrai sur le sujet de la gestion des conflits au chapitre 6.

Parfois, la perturbation est due à l'enseignement lui-même ou du moins aggravée par celui-ci. Si vous remarquez qu'un grand nombre d'élèves sont distraits ou activement perturbateurs, faites preuve de souplesse et modifiez le plan du cours à bref délai. Le travail en silence est un bon moyen d'apprivoiser la perturbation générale, mais le désintérêt peut être contré par des travaux de groupe, des activités pratiques, des jeux de rôle ou des méthodes similaires. Peut-être que les élèves n'ont tout simplement pas compris le sujet – pourquoi ne pas demander s'il y a un besoin d'explications ou d'exercices de suivi?

Vous pouvez même prévenir les interruptions en planifiant vos leçons. Vous trouverez des conseils à ce sujet au chapitre cinq. Parlons maintenant des cas spécifiques de rupture de classe et des solutions. Avant de poursuivre votre lecture, jetez un coup d'œil aux études de cas du chapitre 2 et réfléchissez vous-même à la manière dont vous vous comporteriez dans le cas d'une telle panne.

1. Interruptions légères - conseils

1. Cartes postales

Si deux élèves s'écrivent des notes et que les autres ne sont pas intéressés, vous pouvez les laisser contin-

uer. À cet égard, l'enseignant a raison sur le principe.
Il n'est pas correct d'échanger des notes, car les élèves
manquent une partie de la leçon, peut-être sur un sujet
difficile. Toutefois, ce comportement ne doit pas être
signalé à l'ensemble de la classe. Il est donc nécessaire
de comprendre pourquoi les deux élèves se comportent
de la sorte et, espérons-le, de leur apprendre à ne pas
se laisser distraire. Dans l'exemple, cependant, il y a
des raisons qui peuvent ne pas être liées au sujet en
question.

Les élèves en question ne sont peut-être même pas en
mesure de se rendre compte qu'ils perdent ainsi un
temps précieux et leur concentration et n'ont aucune
idée que le tableau noir sera effacé. Si l'enseignant remarque que d'autres élèves sont utilisés pour distribuer
les cartes, il doit intervenir, mais sans s'adresser directement à eux. Elle doit répéter à intervalles réguliers
que les élèves doivent tout écrire et que le tableau
noir sera bientôt effacé. De cette manière, l'enseignant
réprimande indirectement tous les élèves concernés, y
compris les deux élèves qui se passent des notes depuis
le début.

Cependant, il se peut que les élèves aient déjà pris du retard dans la copie et la compréhension et qu'ils ne soient pas en mesure de transcrire à temps. Vous devez quand même attendre qu'ils écrivent, car certains peuvent être en retard, mais pas parce qu'ils sont distraits.

En tant qu'enseignant, vous devez également demander dans une telle situation si tout le monde a tout compris ou si des explications supplémentaires sont nécessaires. Cette méthode est toujours utile et sera certainement acceptée avec reconnaissance par les autres élèves.

1. Téléphone

L'enseignant est intervenu trop tard. Si un téléphone portable sonne et est éteint, il n'y a aucune raison d'intervenir. La situation est différente si cette perturbation crée une discussion bruyante entre les élèves. Si l'étudiant s'était excusé, tout aurait été parfait. S'il proteste, l'enseignant doit l'empêcher de répéter cette perturbation.

Rappelez-leur de rester calmes et insistez sur le fait que les téléphones portables doivent être éteints avant le cours, mais que l'oubli est normal et ne donne pas lieu à discussion. Plus vous attendez, plus il devient difficile de calmer la situation et plus celle-ci devient distrayante pour tout le monde. Adressez-vous dès que possible aux élèves qui se moquent, d'autant plus que les autres élèves risquent d'être encore plus distraits.

1. Livres oubliés

Il est évident que ce n'est pas constructif si tant d'étudiants n'ont pas leurs livres, mais avec une bonne organisation, ce ne sera pas un problème. En tant qu'enseignant, vous pouvez faire des photocopies et les distribuer. Le tout est résolu en quelques minutes et la leçon peut se poursuivre sans autre problème.

Le fait que l'enseignant dans l'exemple prenne l'oubli des livres comme une occasion de faire la morale est complètement inapproprié et exagéré. Cela signifie qu'elle a une image plutôt négative des élèves et de leur attitude au travail. Au lieu de critiquer les filles et les garçons et d'interrompre ainsi les cours, elle devrait plutôt travailler sur son point de vue et apprendre à se contrôler.

1. Collègues

Vous ne pouvez pas reprocher à un collègue de vous déranger pendant un cours. Le dérangement causé par les coups et les demandes n'a pu être évité car il n'y avait pas de panneau "ne pas déranger" sur la porte. Vous devez toujours faire face à de telles perturbations.

Tout le monde veut être aidé. Il faut cependant éviter que cela n'interfère avec vos cours. Une option (pas trop sympathique pour l'autre enseignant) serait de communiquer avec le concierge, mais celui-ci n'est peut-être pas dans sa salle et le pauvre collègue ne trouve donc aucune aide. Dans ce cas, il risque de frapper à nouveau, donc l'aider vous-même est la meilleure solution, mais vous devez quand même penser à votre leçon.

Même si cela ne dure que quelques minutes, vous devez donner aux élèves quelque chose de significatif à faire pendant ce temps.

1. Animaux

Dans ce cas, il est difficile de ne pas se laisser distraire, mais il est tout de même important d'essayer de ne pas le faire. Si un seul élève regarde par la fenêtre, vous devez l'ignorer et, si elle ne s'arrête pas d'elle-même, lui parler personnellement lorsque personne d'autre ne risque de la remarquer. S'il arrive que les autres élèves regardent également par la fenêtre et que le professeur mène un monologue, la leçon devient inutile. Aller au fond de la distraction est évident et n'est pas mauvais, mais néanmoins, cela ne devrait pas être fait avant qu'une grande partie de la classe ne soit à l'affût.

Si vous remarquez qu'un groupe d'élèves regarde par la fenêtre, il est bon de leur demander pourquoi, car le reste de la classe pourrait faire de même. Il n'y a rien de mal à regarder les animaux pendant un moment, car un tel spectacle est beau et relaxant. Au bout de cinq minutes au maximum, vous devez cependant demander à chacun de détourner le regard du spectacle et de se concentrer à nouveau sur la leçon. Les mêmes animaux seront également présents pendant la pause, afin que les élèves puissent continuer à écouter. Vous devez l'expliquer poliment.

Puisque les leçons portent sur des poèmes du XIXe siècle, souvent romantiques et ayant pour contenu la nature, il serait logique de combiner l'observation des oiseaux avec les leçons et de donner aux élèves l'occasion d'une immersion pratique. Invitez-les à écrire un poème de leur cru, peut-être sur les oiseaux qu'ils observent par la fenêtre.

Quand la leçon commence-t-elle?

Si l'interruption était légère et ne nécessitait aucune réaction, c'est mieux. Même les ricanements de certains camarades de classe n'affectent pas la leçon. L'interruption n'a eu lieu qu'à cause de l'enseignant.

Si un élève est en retard, mais qu'il ignore les autres qui dérangent, prend des notes en silence et continue à suivre le cours normalement, il vaut mieux ne pas insister. Si ses camarades de classe commencent à le railler bruyamment, il faut évidemment les avertir de ne pas le faire, car le bruit qu'ils créent dérange toute la classe.

Dans cet exemple, l'enseignant fixe les mauvaises priorités: la ponctualité est apparemment plus importante pour lui que l'enseignement des matières à ses élèves et la création d'une atmosphère d'apprentissage agréable. Attaquer et ridiculiser un élève en public (ou pas du tout) n'est pas un bon comportement. La question neutre sur la raison du retard de l'élève n'a pas non plus de sens pour la leçon et doit donc être évitée.

Une fois le cours terminé, vous pouvez poser vous-même la question à l'élève et le laisser s'expliquer en toute tranquillité, évidemment pas au milieu du cours. Après tout, être en retard n'est

pas une infraction grave, mais une mésaventure qui peut arriver à tout le monde.

1. Interruptions de gravité moyenne - conseils

1. Le pneu perdu

La sensibilité et l'attention sont ici requises. Si l'élève cherche quelque chose avec un air désespéré et ne semble pas le trouver, vous ne devez pas intervenir directement, mais vous devez le surveiller de plus près. Il est préférable de marcher lentement entre les bureaux et de voir comment les élèves travaillent.

Lorsque vous arrivez à l'étudiant en question, demandez-lui poliment ce qu'il cherche. Idéalement, cela se fait avant qu'il ne jette sa trousse à crayons sur la table, mais cela peut se faire plus tard, en fonction du rythme auquel vous avancez. Vous ne devez pas vous adresser directement à l'élève, car cela risque également de provoquer des remous. Si vous avez commencé à temps, vous saisirez certainement le moment avant que la situation ne s'aggrave.

Ainsi, si vous demandez à l'étudiant ce qu'il cherche, il dira sûrement que c'est la gomme que lui a donné son grand-père. Demandez-lui s'il est sûr de l'avoir mis dans sa trousse et où il l'a vue pour la dernière fois - le tout à voix basse, bien sûr. Il est inévitable que la personne assise à côté de vous entende quelque chose, mais cela arrivera quand même.

Quoi que dise le garçon, dites-lui gentiment et avec compréhension qu'il peut utiliser une autre gomme (empruntée) pour le moment et que vous l'aiderez à la fin de la leçon à retrouver sa gomme (s'il ne l'a pas oubliée à la maison). Bien sûr, vous devez tenir cette promesse.

Terminez la leçon cinq minutes plus tôt et adressez-vous à toute la classe en demandant si quelqu'un a une gomme qui ne lui appartient pas dans sa trousse, son sac d'école ou son bureau. Si quelqu'un refuse de regarder ou fait des commentaires grossiers, expliquez que tout le monde aimerait récupérer ses affaires et qu'aider les autres est une question de bonnes manières. Si personne ne trouve la gomme, accompagnez l'élève dans la salle de classe où il avait cours la veille, si nécessaire. Si vous ne trouvez rien, emmenez le garçon au bureau des objets trouvés de l'école ou au bureau du concierge.

1. L'école de la beauté

Ce trouble ne serait pas apparu en premier lieu si le professeur n'avait pas été aussi fixé sur le tableau noir. La fille a dû ouvrir le vernis à ongles pendant l'explication. À ce moment-là, vous auriez pu remarquer l'intention et dire directement à l'élève qu'elle n'aurait pas dû le faire. Dans ce cas, vous ne devez faire une remarque générale que si l'élève est prise sur le fait et non avant qu'elle ne sorte son vernis à ongles.

Si vous ne l'avez pas remarqué tout de suite, mais que vous l'avez deviné à l'odeur et aux appels de vos camarades de classe, il faut agir immédiatement et rapidement. Au lieu de crier, l'enseignant doit demander sévèrement à l'élève d'arrêter. Il faut ensuite supprimer l'odeur et apprivoiser l'agitation. Ouvrir les fenêtres est la bonne chose à faire, même par temps froid, car l'odeur est non seulement extrêmement pénétrante, mais les fumées ne sont pas bonnes pour la santé. En même temps, la porte de la pièce doit être ouverte pour qu'il y ait une opposition. Cependant, la pièce ne doit pas se refroidir complètement. Après cinq minutes, tout doit être refermé, afin que la pièce se réchauffe à nouveau.

Il n'y a aucun intérêt à continuer à enseigner. Utilisez ce temps pour discuter en général de ce qui est et n'est pas un comportement acceptable, en évitant le vitrage et d'autres activités non liées à l'école. Expliquez également que les perturbations n'améliorent pas la situation. Si l'odeur persiste après

l'aération, dites qu'il y a suffisamment d'air frais dans la pièce, de sorte qu'il n'y a aucun risque et que les élèves ne sentent pas autant pendant le cours. C'est vraiment vrai: on ressent toujours ce sur quoi on se concentre le plus.

Après la leçon, vous devez parler à l'élève et lui demander pourquoi elle a utilisé la leçon pour se peindre les ongles. Il est logique qu'elle connaisse des difficultés professionnelles ou personnelles car elle était très réfléchie. Si elle a des problèmes avec le contenu de la leçon, encouragez-la à étudier et discutez avec elle de ce qu'elle peut faire pour rendre la leçon plus pertinente. S'il s'agit d'un problème personnel, il n'y a probablement rien que vous puissiez faire pour l'aider, à part l'écouter en parler. Dans tous les cas, expliquez-lui qu'il est toujours important qu'elle se concentre sur la leçon.

1. Questions

C'est très bien que l'enseignant donne aux élèves la possibilité de poser des questions sur le contenu qu'ils n'ont pas compris. Il est regrettable qu'un élève ait profité de cette occasion pour interrompre le cours et mettre en péril les notes de chacun. Étant donné qu'il posait des questions "justes" au début, on peut supposer qu'au cours de la leçon, il est devenu de plus en plus désespéré en raison de son manque de compréhension et qu'il a voulu exprimer son mécontentement face à ces questions inutiles. Il n'était probablement même pas conscient du fait que certaines questions sont sans réponse ou ne sont pas pertinentes pour le sujet.

Dans tous les cas, l'enseignant doit mettre un terme aux questions inutiles. Cela n'est pas possible car il ne peut jamais savoir si l'élève va soulever une question inutile ou importante. De plus, les étudiants ne peuvent pas évaluer quelles questions sont importantes ou insignifiantes. La seule chose qui aide ici est une meilleure organisation des leçons.

Il n'est pas efficace si les élèves posent des questions pendant les explications ou des questions sur des sujets différents. Il est préférable de finir d'expliquer un sujet, puis de permettre les

questions sur ce sujet, puis de passer au sujet suivant, puis de faire la même chose.

Vous devez garder un œil sur l'horloge et réfléchir au temps que vous pouvez consacrer à un sujet, afin de pouvoir terminer l'ensemble de la matière. En cours normal, ce n'est pas si grave si vous ne parvenez pas à compléter tout le contenu prévu, mais vous devez faire particulièrement attention, surtout avant un test.

Pour que les élèves n'oublient pas les questions qui leur viennent à l'esprit, les explications ne doivent pas être trop longues et vous devez demander à l'avance aux filles et aux garçons de noter leurs questions ou de signaler leurs doutes dans les livres. Vous devez faire attention aux explications compréhensibles, toujours illustrer tout par des exemples et ne pas parler trop vite.

Toutefois, si des questions inutiles surgissent ou si un élève a beaucoup de questions, vous devez expliquer que le temps est limité et que les élèves doivent bien réfléchir à leurs questions. Si vous avez de gros problèmes, proposez également de répondre à leurs questions en personne ou par e-mail après la leçon.

1. Bruits physiques

L'enseignant dans cet exemple commet deux grandes erreurs: premièrement, il ne fait pas l'effort d'impliquer toute la classe dans la leçon et de la rendre intéressante et deuxièmement, il se contente de ce qui se passe pendant trop longtemps.

Fondamentalement, il n'y a rien de mal à mâcher du chewing-gum tant que cela se fait en silence, car le mouvement de mastication stimule la capacité du cerveau à se concentrer. Par conséquent, si un élève mâche en silence, cela doit être toléré. Il ne sert à rien de créer une interruption inutile.

En revanche, lorsque la mastication est très bruyante et s'accompagne de bruits d'éclats et de bulles, c'est en soi une raison suffisante pour interdire à l'élève de le faire, car c'est irritant et irrespectueux pour tout le monde.

"Soit tu mâches lentement et sans faire de bulles, soit tu recraches le chewing-gum et tu le jettes à la poubelle", suggère l'enseignant à l'élève, en restant évidemment calme.

Le problème, cependant, est que l'enseignant ne fait rien pendant longtemps ou ne comprend pas ce qu'est le bruit et d'où il vient. Si vous remarquez des sons irritants, quels qu'ils soient, vous devriez aller jusqu'au bout et les éteindre au lieu de continuer à distraire les élèves. La leçon peut être interrompue brièvement à cette fin, car c'est toujours mieux que de continuer dans des circonstances bruyantes.

En premier lieu, il est nécessaire de s'assurer que la disposition des sièges est conçue de manière à ce que chaque élève soit visible pour l'enseignant.

La réaction de l'enseignant doit être correcte: si une personne n'est pas disposée à cesser de déranger, il doit la faire sortir de la salle par respect pour les autres.

1. Un discours intéressant

Cela pourrait être une situation très embarrassante pour les deux filles. Cependant, c'est leur propre faute: après tout, ils auraient dû parler plus calmement ou de préférence pendant la pause. Comme l'enseignant s'en est rendu compte tardivement, il n'a pu empêcher que la conversation privée des filles ne devienne publique ni que la classe ne soit perturbée. Il aurait pu le remarquer plus tôt, mais seulement s'il avait regardé attentivement autour de lui.

Vous pouvez reconnaître une conversation animée sans écouter également à votre posture. Si vous pouvez garder un œil dessus, vous remarquerez rapidement quand le volume de la voix augmente. La méthode la plus correcte serait de donner une mission aux étudiants et d'aller parler aux filles personnellement.

Il serait encore mieux de rendre la leçon si intéressante qu'elle capte l'attention des élèves malgré le fait qu'ils aient faim, que l'école soit terminée et que le sujet lui-même soit ennuyeux. Si vous constatez que cela ne fonctionne pas, il est préférable de passer au travail de groupe, en divisant les groupes de manière à ce que chacun soit composé d'élèves plus motivés et moins motivés. Dans un groupe, les deux filles n'auraient certainement pas discuté de leur vie privée, car sinon elles auraient toutes été écoutées.

Si la conversation peut être entendue et que d'autres élèves se moquent des filles, il faut calmer la situation. En fait, l'enseignant pourrait dire qu'ils peuvent en discuter après le cours. Le fait que la discussion se poursuive correspond toutefois à l'état d'esprit déjà désintéressé des élèves et pourrait donc être évité par des leçons engageantes. Il conviendrait également d'apparaître un peu plus précis. Au lieu de "Vous pouvez en discuter plus tard, il y a encore des leçons", vous pourriez dire: "Les conversations privées n'ont rien à voir avec les leçons. S'il vous plaît, parlez-en après l'école et maintenant essayez d'être prudent."

1. Avions en papier

C'est un objet amusant, mais qui n'a évidemment rien à voir avec l'environnement dans lequel il est lancé. Il n'est pas pardonnable que des avions en papier volent pendant la classe, mais s'ils sont jetés par l'enseignant, cela peut être considéré comme une protestation silencieuse. Lorsque les morceaux de papier deviennent des jouets, les enseignants doivent se demander s'ils ont vraiment tout fait correctement. Les matériaux qui sont intéressants sont généralement lus et ne sont pas utilisés pour les avions.

Si la feuille contient une illustration pratique utile pour la leçon, elle peut inciter les élèves à travailler avec enthousiasme. Vous devez également prêter attention à la qualité des copies.

Que faire lorsqu'un avion en papier atterrit sur le bureau? Il serait judicieux de parcourir les rangs avec l'avion en main et de voir s'il manque ce morceau de papier à quelqu'un. Vous devez simplement leur rendre l'avion et leur demander calmement pourquoi ils font cela.

Si plusieurs avions arrivent, il est logique de parler à toute la classe, car elle est déjà distraite. Vous trouverez probablement que la leçon est trop ennuyeuse, et vous devrez donc changer votre méthode d'enseignement. Ni accuser un élève, ni argumenter avec la classe ne sont des méthodes efficaces. Il est important de garder son calme et de montrer aux élèves que le sujet peut être plus intéressant que les avions en papier.

1. Interruptions graves - conseils

1. Travaux de construction

Il s'agit d'une situation difficile. Il est clair que dans ces conditions, il n'est pas possible de donner une leçon correcte. Essayer de continuer de manière normale est futile et représente un grand effort pour toutes les personnes présentes.

La meilleure décision serait de quitter la salle et de poursuivre la leçon dans une autre classe, peut-être loin du chantier. Toutefois, le problème peut se poser lorsque d'autres classes s'installent et qu'il n'y a donc pas assez de salles de classe libres pour tout le monde. En outre, le bruit est susceptible de se poursuivre tout au long de la journée, il reste donc un problème. Pour l'instant, cependant, seul le moment présent compte, alors que faire?

Il peut y avoir des espaces libres dans l'auditorium, la cantine ou la cour intérieure. Si ces endroits sont éloignés de la cour, il y a assez d'espace pour tout le monde et vous pouvez également garder une distance suffisante pour ne pas perturber les leçons de l'autre. Vous ne pouvez pas écrire sur un tableau noir ou vous asseoir sur une chaise, mais il y a certainement certains sujets pour lesquels il n'est

pas important de le faire. S'il s'agit d'une leçon de philosophie, où il y a de toute façon un espace de discussion, il est agréable de s'asseoir en cercle.

Une autre solution serait de rester dans la pièce, de baisser les stores et de s'asseoir en cercle. Bien sûr, cela suppose qu'il y ait des volets qui puissent vraiment empêcher le bruit d'entrer, de sorte que la communication soit possible sans problème et, en particulier, que personne ne soit mis de côté.

1. Meubles volants

C'est un cas extrême et une situation dangereuse pour tous. L'enseignant a déjà commis une erreur en laissant la classe sans surveillance. En principe, il n'y a rien de mal à quitter la classe pour un moment, mais si la classe est connue pour être sujette à des comportements problématiques, il faut l'éviter à tout prix.

Il suffit de planifier la leçon à l'avance et de préparer tout ce dont vous avez besoin dans la salle de classe. Ne perdez pas de vue les élèves, mais restez tout de même amical et respectueux. Cependant, si quelqu'un ose se promener dans la classe et faire du mal, arrêtez-le directement. Dans ce cas, exceptionnellement, il convient de menacer de punition (devoirs supplémentaires, entretiens avec les parents, etc.) Toute situation de vandalisme doit être arrêtée à temps, qu'il s'agisse de jeter des meubles ou de ruiner du matériel pédagogique.

Si vous en êtes arrivé là, être trop méchant ne sert à rien: vous devez attirer l'attention sur votre présence et faire comprendre que l'action doit être arrêtée immédiatement. Si parler fermement ne suffit pas, les cris sont également autorisés dans ce cas. Ne vous agitez pas, car les cris ne sont qu'un moyen d'arriver à vos fins. C'est à vous de décider si vous demandez d'abord aux élèves

d'arrêter de jeter le matériel immédiatement, ou si vous les menacez directement de conséquences telles qu'une réprimande ou une expulsion de la classe.

Si la situation ne se calme toujours pas, vous n'avez pas d'autre choix que de demander de l'aide - aux autres enseignants, à l'administration de l'école ou, si nécessaire, à la police. Bien sûr, dans ce cas, la leçon ne peut pas être poursuivie. Vous pouvez seulement essayer de limiter les dégâts et imposer des règles pour l'avenir afin qu'une telle chose ne se reproduise pas.

Supposons maintenant que la situation se soit calmée avant que des étrangers ne s'en mêlent. Il est nécessaire de préciser comment l'incident s'est produit. En raison de la gravité de la perturbation, cela doit être fait directement avec la classe. En outre, les règles de comportement pour l'avenir doivent être discutées et, en particulier, le respect des autres personnes et du matériel scolaire doit être expliqué. Bien sûr, dans un tel cas, il est également conseillé de parler aux parents.

1. Exclusion du groupe

Les brimades sont absolument inacceptables. Si vous le remarquez, vous devez absolument parler à toute la classe et l'éduquer au respect et au bon comportement social.

Pour intégrer les personnes exclues du travail en groupe, il peut être jugé utile que l'enseignant détermine la composition des groupes. Cependant, l'exclusion dans cet exemple est si forte que l'élève restera exclu, sans compromis. En outre, il n'est pas acceptable que la discrimination soit ignorée afin de ne pas perturber le déroulement général de la leçon, car un tel comportement antisocial ne devrait pas être toléré. Dans ce cas, il convient donc d'interrompre le cours afin de communiquer avec les élèves.

Toutefois, restez neutre, écoutez les opinions de toutes les personnes concernées. Il ne peut être exclu que l'élève elle-même ait contribué d'une manière ou d'une autre à la situation. Toutefois, même si c'est le cas, expliquez que cela ne justifie pas un comportement

d'exclusion ou autrement dégradant et que les conflits personnels ne doivent pas interférer avec l'enseignement.

1. Visite intrusive

Bien que tout le monde sache qu'elles sont totalement inoffensives, les abeilles et les guêpes rendent les gens nerveux. L'enseignant a raison de dire aux élèves qu'ils ne sont pas en danger et que la leçon peut continuer.

Toutefois, il serait bon de demander s'il y a une personne allergique, car dans ce cas, la situation ne doit pas être détendue. La personne concernée doit quitter la classe jusqu'à ce que la guêpe soit à nouveau sortie - mais comme il serait injuste qu'elle soit la seule à manquer le cours, la classe doit alors aller dans une autre salle.

S'il n'y a personne d'allergique, les cours peuvent avoir lieu même si les guêpes volent. Bien sûr, c'est ennuyeux si l'animal continue à bourdonner, mais vous ne devez pas le laisser vous déranger. L'enseignant doit expliquer comment réagir à la présence d'une guêpe. Il est préférable de l'ignorer, mais surtout de ne pas lui faire signe de la main, de ne pas lui crier dessus et encore moins de le frapper. Une guêpe n'a généralement pas l'intention de piquer un être humain, mais le fait uniquement lorsqu'elle se sent menacée. Si vous ne voulez pas être piqué, laissez l'animal tranquille. D'ailleurs, les guêpes doivent être protégées et non tuées.

Cependant, afin de permettre à la guêpe et aux élèves de se reposer, il serait souhaitable de mettre en place une phase de calme. Les boissons et la nourriture doivent être retirées des sacs à dos afin de ne pas susciter un intérêt inutile pour l'animal. Pour faciliter la sortie de la guêpe, toutes les fenêtres doivent être ouvertes. L'enseignant doit garder un œil sur la situation et, lorsqu'un élève devient nerveux, lui rappeler de rester calme.

Si les élèves n'arrivent pas à se concentrer, il est conseillé de quitter la classe et de poursuivre le cours dans un autre endroit, même si personne n'est allergique. N'oubliez pas de fermer la porte, sinon le pauvre animal errera partout dans l'école.

1. Refus de suivre la leçon

Il ne semble pas y avoir de conflit entre les élèves, tout le monde est d'accord et se serre les coudes. Cependant, ce qui est souhaitable devient un problème, car aucune leçon ne peut avoir lieu si tous les élèves refusent de suivre la leçon.

Le véritable problème ne se situe pas au niveau des élèves, mais de l'enseignant. Il a en fait raison de dire que sa matière est également importante et qu'elle ne peut pas être reléguée au second plan simplement parce que ses collègues les ont fait travailler dur. Toutefois, les arguments des étudiants ne peuvent être rejetés d'emblée. Si vous êtes en avance sur le calendrier et que vos élèves ont de bonnes notes, vous pouvez ralentir. Les étudiants ne sont pas des machines, et s'ils sont assommés, il ne sert à rien de suivre un programme exigeant (et peut-être ennuyeux).

Cela exige de la compréhension et de la souplesse de la part de l'enseignant.

Si l'enseignante était attentive, elle pourrait voir dès le début que quelque chose ne va pas chez les élèves et s'en occuper au lieu de distribuer des notes tout de suite. Au plus tard, cependant, lorsqu'ils ne veulent pas travailler et que le représentant du groupe leur décrit la situation, ils peuvent avoir changé d'avis. Les leçons doivent bien sûr avoir lieu, mais de manière plus légère. Vous pouvez demander aux élèves de faire des suggestions, déplacer le cours dans un endroit plus détendu comme la pelouse de l'école ou ne travailler que sur une petite partie du programme prévu et terminer plus tôt.

Chapitre 5

Bien sûr, il est préférable que les interruptions ne se produisent pas en premier lieu. Vous ne pourrez jamais l'éviter complètement, mais par la manière dont vous conduisez et organisez vos cours, vous pouvez faire beaucoup pour que les interruptions restent l'exception ou soient maintenues dans un cadre très léger. Je voudrais vous donner quelques suggestions dans ce chapitre.

1. Créer un climat de classe agréable

Dans le passé, les connaissances étaient simplement inculquées et, si les élèves ne voulaient pas participer, ils étaient acculés ou battus. Heureusement, cette époque est révolue. Le climat d'enseignement est généralement plus agréable et détendu de nos jours, mais de nombreux enseignants n'ont pas de "bonnes relations" avec leurs élèves. Ils sont trop stricts, ont des attentes trop élevées, ne prêtent pas assez d'attention à chaque élève ou donnent l'impression qu'ils ne se soucient pas de savoir si les élèves apprennent quoi que ce soit. D'autres, en revanche, exagèrent leur caractère accommodant et en oublient parfois presque d'enseigner.

Le meilleur climat se situe entre les deux. D'une part, vous devez être un bon ami des étudiants, accueillant leur individualité à bras ouverts. Il est préférable de ne pas enseigner en se croyant supérieur, mais en essayant de répondre aux attentes de ses élèves. Bien sûr, vous avez plus de connaissances qu'eux et vous devez vous assurer que les étudiants les absorbent, mais dans une atmosphère détendue, où tout n'est pas toujours aussi sérieux et ne suit pas de directives strictes, les étudiants deviennent plus motivés. En fin de compte, c'est ce qui compte.

Il est particulièrement important d'aller à la rencontre des étudiants, surtout si vous êtes un enseignant en herbe. Soyez compréhensif et empathique: la plupart de ce que les étudiants doivent apprendre ne leur sera pas utile dans la vie. Au lieu d'affirmer l'importance de chaque sujet et de critiquer les élèves lorsqu'ils expriment leur mécontentement, expliquez-leur de manière calme et amicale que le contenu est prédéterminé par le programme scolaire. Vous n'avez aucune influence sur elle et elle doit être suivie par de nombreux autres étudiants dans le pays. Soyez détendu, accommodant et amusant. Préparez le contenu pour qu'il soit plus intéressant et soyez ouvert aux suggestions des élèves.

Ne leur donnez pas d'instructions inutiles: la couleur du sac à dos, la taille du cahier et le type de stylo utilisé ne comptent pas pour la réussite scolaire. Boire pendant les cours ne devrait pas être interdit - après tout, les liquides sont importants pour le fonctionnement du cerveau et le bien-être.

Ignorez les perturbations mineures ou, si la situation le permet, réagissez avec un sens de l'humour amical. Précisez que les élèves peuvent toujours venir vous voir s'ils ont une question sur le cours ou tout autre problème. Soyez affable et faites en sorte que les étudiants sentent qu'ils peuvent vous faire confiance. Soyez à l'écoute de leurs problèmes personnels, mais n'imposez rien et, avec autant d'empathie que possible, veillez à ne pas vous empêtrer mentalement ou émotionnellement dans les difficultés de vos élèves.

Il y a des enseignants qui sont idolâtrés et aimés par leurs élèves, quels que soient leurs problèmes avec la matière ou en dehors de l'école. Ces personnes allient calme, aisance, humour et compréhension à une autorité naturelle, qu'elles n'affichent pas, mais qui provient simplement de leur engagement envers leurs élèves, de leur sérénité et de leur désir de faire en sorte que les enfants se sentent bien. Peut-être qu'un jour vous serez l'un d'entre eux. Dans tous les cas, vous devez vous efforcer de faire en sorte que l'atmosphère d'apprentissage de vos élèves soit aussi agréable que possible, car s'ils se sentent à l'aise, ils ne feront pas exprès de déranger.

1. Respecter et inclure tout le monde de manière égale

Si chaque élève se sent à l'aise, le climat de la classe sera également positif. Vous pouvez y veiller en traitant tout le monde avec respect, sans préjugés et en restant neutre.

Ne prenez pas parti dans les conflits ; vous ne devez que jouer le rôle de médiateur. Respectez chacun de ces jeunes comme s'ils étaient des êtres précieux. Faites participer tout le monde de la même manière, notamment lors des interventions orales. On entend souvent dire que les étudiants sont négligés lorsqu'ils prennent la

parole, car les autres préfèrent s'exprimer. Il est évident que vous ne devez pas autoriser cela.

Faites le tour de la classe pour voir qui lève la main lorsque vous posez une question ou, par exemple, lorsque vous devez corriger des devoirs à haute voix. Fournir suffisamment d'occasions pour que chacun puisse participer. Si les élèves ne participent pas, respectez ce choix et ne développez aucun préjugé à leur encontre. Si quelqu'un ne participe pas du tout, parlez-lui personnellement et encouragez-le. Vous pouvez également décider avec l'élève qu'il peut répondre sans avoir à parler devant tout le monde. Toutefois, cela ne doit se faire qu'avec l'accord de l'élève, sinon il pourrait se sentir exposé.

Soyez également ouvert aux questions et prenez le temps d'y répondre. Demandez-vous s'il est judicieux de les aborder directement en classe. Sinon, restez plus longtemps après la leçon et expliquez personnellement à la fille ou au garçon en question ce qu'il veut savoir. Soyez disponible pour vos élèves en dehors de l'école pour des questions par e-mail. Après tout, ils ont aussi des devoirs, des présentations ou l'étude de tests et ont parfois besoin d'aide.

1. Évaluations correctes

Cela devrait vraiment être évident, mais comme malheureusement beaucoup d'enseignants ne semblent pas le savoir, je dois le mentionner: l'évaluation des élèves ne peut être basée que sur leurs performances et doit être totalement neutre. Les goûts personnels ne doivent pas jouer un rôle dans l'évaluation écrite ou verbale.

S'il vous est difficile d'ignorer vos sentiments personnels, admettez-le et travaillez-y consciemment. Remettez en question votre évaluation avant de la publier ou de la présenter à l'étudiant. Vous êtes dans une position supérieure, vous décidez de l'avenir des jeunes. Tous les élèves ne se comportent pas toujours correctement, mais vous? Tout le monde fait des erreurs et tout le monde veut toujours être traité équitablement.

En particulier, jetez vos préjugés par-dessus bord. N'étiquetez pas vos élèves. "Le calme", "Le désordre" et "L'ennui" n'existent pas, ce sont des personnes de valeur égale. Cela s'applique en particulier à l'égalité de traitement entre les filles et les garçons et à l'évaluation sans préjugés des élèves ayant des racines étrangères, d'autres appartenances religieuses ou des origines sociales difficiles.

1. Aider les élèves moins doués, mais ne pas ralentir les élèves plus favorisés.

Faire participer tout le monde de la même manière est particulièrement difficile lorsqu'il existe de grandes différences entre les élèves. En particulier dans les matières scientifiques et linguistiques, il y a souvent de très bons et de très mauvais élèves. Bien entendu, les termes "bon" et "mauvais" font référence à la performance et non aux élèves eux-mêmes. Beaucoup d'enseignants rêvent de n'avoir que des élèves ayant de bonnes notes, car alors la progression dans la matière serait très facile et rapide, mais la réalité est différente.

En général, il n'y a que quelques "talents naturels", la plupart de la classe se situe quelque part au milieu et certains ne s'entendent pas du tout. Les "bons" s'ennuient facilement en répétant certains sujets, à tel point qu'ils se plaignent parfois, tandis que les "mauvais" se

sentent dépassés par les progrès et interrompent donc les leçons. Au milieu du terrain, il s'agit de maintenir les performances et de ne pas déraper, mais certains ont aussi l'ambition d'améliorer leurs performances.

La grande majorité de la classe a besoin d'explications approfondies pour une raison quelconque et certains ont des besoins de soutien plus importants. Malheureusement, vous ne pouvez pas couvrir ce dernier point avec des cours réguliers. Cependant, vous pouvez offrir aux étudiants intéressés des réponses à leurs questions, des conseils pour des cours de rattrapage internes ou un tutorat externe. Veillez également à continuer à les encourager et à leur donner l'occasion d'obtenir de petits résultats, même s'il s'agit simplement d'effectuer une tâche facile ou de lire un court texte.

Félicitez honnêtement les élèves intéressés, car le fait de ne pas être capable de maîtriser une matière n'est pas un défaut personnel. Les gens sont différents et chacun a ses propres forces et faiblesses. Il est important de développer et de motiver mentalement les élèves intéressés afin qu'ils fassent de leur mieux et suivent les leçons du mieux possible.

Chaque leçon doit comporter des tâches faciles, moyennes et difficiles. De toute façon, cela est généralement précisé dans le matériel des écoles, mais vous devez prêter attention à ce détail lors de la préparation des épreuves. Chacun a une chance de se maintenir à son niveau.

Trouvez du temps en classe pour répondre aux questions de ceux qui ont plus de difficultés. Vous pouvez utiliser ce temps pour faire participer les élèves les plus doués: faites passer la question à la classe et demandez à un camarade d'expliquer le sujet. Qui sait, il pourrait même s'avérer que beaucoup d'autres n'ont pas encore vraiment compris le contenu en question, et ainsi chacun peut approfondir ses connaissances à nouveau.

En outre, donnez aux élèves davantage de tâches dans lesquelles ils doivent élaborer eux-mêmes le contenu. Cela augmente la motivation de chacun, chacun peut travailler à son propre niveau et ouvre des opportunités individuelles. Parfois, ce n'est pas du tout la faute des élèves s'ils ne comprennent pas quelque chose, mais ils ont besoin d'une approche différente ou ne peuvent rien faire avec les explications de l'enseignant ou le livre.

Le travail en groupe est une bonne méthode pour inclure ceux qui sont plus forts et ceux qui sont moins capables, afin d'aider tout le monde. Veillez à ce que les groupes soient toujours constitués d'un mélange d'apprenants capables, moins capables et moyens, afin qu'ils puissent s'entraider. Les étudiants peuvent souvent mieux s'expliquer les uns aux autres car ils communiquent à un niveau similaire. Donnez également aux élèves les plus faibles la possibilité d'améliorer un peu leurs notes grâce aux résultats conjoints des travaux de groupe.

Malheureusement, il se peut que les "bons élèves" ne comprennent pas toujours, par exemple, l'importance de répéter aux autres ou pourquoi ils devraient travailler avec des apprenants moins doués. De leur point de vue, cela les met en retrait et les prive de leurs chances. Ce point de vue témoigne d'un manque de compétences sociales et devrait donc être discuté avec l'ensemble de la classe. Bien sûr, il ne faut pas dénoncer les élèves concernés ni susciter la pitié pour les moins bons, mais il faut expliquer à tous qu'il est important de s'entraider et de se respecter mutuellement.

De même, le but de l'enseignement n'est pas de faire progresser seulement quelques-uns, mais de transmettre la connaissance à tous de manière égale. Certaines personnes comprennent les choses plus rapidement et d'autres plus lentement, mais la plupart peuvent les comprendre si elles en ont la possibilité. Il est vraiment dommage que les élèves qui ont vraiment ce qu'il faut pour obtenir un bon certificat scolaire soient laissés pour compte. Bien sûr, vous devez suivre le plan de cours, mais vous devez aussi emmener tous les élèves avec vous, sinon le cours n'a aucun sens.

1. Des cours variés, clairs, pratiques et modernes

Cela a déjà été dit: le contenu de la leçon n'est pas intéressant pour tous les élèves et n'est pas perçu comme pratique. Pourquoi devrions-nous apprendre quelque chose que nous trouvons ennuyeux et qui ne nous sera pas utile dans la vie? C'est une question que de nombreux étudiants se posent. Certains sont tellement opposés à cette supposée "perte de temps" qu'ils se laissent tout simplement distraire, ne participent pas, n'étudient pas ou s'interrompent activement.

Pour tout contenu nouveau ou répété, réfléchissez à la façon dont vous pouvez le transmettre de manière attrayante. L'utilisation des médias modernes est toujours utile, car c'est le monde des jeunes d'aujourd'hui. Vous pouvez penser ce que vous voulez, mais si c'est pour apprendre, il n'y a rien de mal à cela.

De même, réduisez l'enseignement en face à face à l'essentiel et donnez aux étudiants la possibilité de devenir actifs aussi souvent que possible. Donnez-leur autant de liberté que possible. Débarrassez-vous de l'idée que le contenu ne peut être expliqué que par l'enseignant et que tout doit être fait d'une certaine manière.

Revenons brièvement sur le sujet des travaux de classe ou des examens: il arrive souvent que les élèves obtiennent de mauvaises notes, par exemple dans les interprétations ou les dissertations, parce que leurs explications ne correspondent pas à ce que l'enseignant attend. Malheureusement, le fait qu'il s'agisse d'un contenu correct, significatif et logique n'est pas pris en compte. Cela a non seulement un effet démotivant, mais soulève également des doutes sur la compétence de l'enseignant et doit donc être évité à tout prix.

Il en va de même en classe: si, par exemple, une tâche est effectuée de manière différente de ce que vous aviez prévu ou spécifié, mais que vous obtenez quand même un résultat correct ou significatif et logique, respectez l'élève. Après tout, les étudiants devraient utiliser leur propre esprit et ne pas être éduqués à penser selon certains modèles ou à suivre des directives.

Donnez à vos étudiants la possibilité d'intérioriser le contenu théorique dans la pratique. La manière dont cela peut être fait dépend du sujet. En physique, par exemple, les expériences sont recommandées ; en langues étrangères, les conversations doivent se dérouler le plus souvent possible dans la langue en question ; en histoire, les événements peuvent être reconstitués sous forme de jeux de rôle. Certains sujets sont plus pratiques que d'autres, mais il y a toujours des occasions d'expérimenter.

Bien sûr, vous ne devez pas faire quelque chose de pratique à chaque leçon, et certainement pas toujours faire la même chose, car cela serait également ennuyeux. Il ne faut pas non plus faire de travail de groupe ou projeter un film à chaque leçon. La variété est la clé pour créer et maintenir l'intérêt.

Le point le plus difficile est sans doute celui de l'utilité. Cela ne s'applique pas seulement à l'histoire, mais à la grande majorité des matières scolaires. Pourquoi en ai-je besoin dans ma vie? Quelle est son importance dans la société actuelle en général? Posez-vous cette question avant de présenter un nouveau contenu, car les étudiants se posent également la même question. Pour certaines choses, comme la loi fondamentale de l'État italien, la géométrie ou le calcul des vitesses, il est assez facile de les relier au présent, mais lorsqu'il s'agit d'interpréter la poésie ou l'Empire romain, par exemple, il ne semble pas y avoir beaucoup de choix.

Parfois, il faut y réfléchir à deux fois. Dans le cas des interprétations poétiques, par exemple, la question serait de savoir quels sujets sont encore pertinents dans un poème. Vous pourriez également "traduire" les vers et en faire une chanson. Dans le cas de l'Empire romain, par exemple, il est encore possible de visiter des bâtiments romains ou d'analyser dans quelle mesure la culture romaine a influencé la nôtre.

En bref: soyez créatif, innovant et cosmopolite dans la conception de vos cours et mettez-vous à la place des élèves.

1. Bonne préparation et explication sans faille

En fait, ce point est tout à fait clair: en tant qu'enseignant, vous devez être préparé de manière optimale, sinon vous risquez de bloquer le cours et d'apprendre aux élèves que l'apprentissage du contenu n'est pas très important. Malheureusement, tous les enseignants ne prennent pas leur préparation aussi au sérieux. Bien sûr, une journée d'école est suffisamment longue et épuisante, mais cela fait partie de la profession de planifier les leçons en dehors de ces heures, d'y réfléchir, de rassembler le matériel et, si nécessaire, d'évaluer soigneusement les tests et les travaux de classe.

Ne pensez pas seulement à ce que vous voulez expliquer dans la prochaine leçon, mais aussi aux moyens que vous pouvez utiliser pour atteindre les étudiants de manière intéressante. Réfléchissez également à ce qui a pu mal se passer au cours de la dernière leçon et à la manière dont vous pouvez l'éviter à l'avenir et continuer à améliorer votre enseignement. Passez toujours mentalement en revue la leçon suivante et réfléchissez aux difficultés que vous pourriez rencontrer et à la manière d'y faire face. Créez un fil conducteur pour chaque leçon et respectez-le.

Faites un effort pour sélectionner et préparer le matériel, concevez souvent vos devoirs et vérifiez soigneusement que les photocopies sont complètes et correctes. Assurez-vous également d'avoir suffisamment de copies pour tous les élèves. Si vous voulez gagner des points supplémentaires, agrafez tous les morceaux de papier ensemble à l'avance. Avant la leçon, vérifiez les exercices du livre et voyez s'ils contiennent des erreurs. C'est triste, mais même les livres scolaires sont parfois erronés et provoquent ainsi la démotivation des élèves.

Malgré toute cette bonne préparation, sachez que vous n'êtes pas parfait. Personne ne l'est, tout le monde fait des erreurs. Préparez tout du mieux que vous pouvez, mais n'en demandez pas trop à vous-même, car vous avez aussi besoin de votre temps libre pour vous reposer, vous détendre et avoir de bonnes leçons. Abordez le cours avec calme et assurance et concentrez-vous entièrement sur vos élèves et sur le sujet à chaque seconde. Si vous faites encore des erreurs dans la préparation ou l'explication de la leçon, admettez-le ouvertement à vous-même et aux élèves et corrigez- vous.

Ce comportement est bénéfique à plusieurs égards: d'une part, vous empêchez les élèves d'apprendre quelque chose de faux, d'autre part, vous renforcez la confiance en vous grâce à l'honnêteté et, enfin, vous êtes un bon exemple pour les élèves, car ils doivent aussi apprendre à reconnaître leurs erreurs.

1. Attention et positivité

Lorsque vous enseignez ou que vous êtes dans une salle de classe, la chose la plus importante à laquelle vous devez prêter attention, ce sont les explications et les élèves. Faites-en la preuve en vous impliquant pleinement, tant au niveau du contenu de la leçon que des élèves eux-mêmes.

De cette façon, vous éviterez les erreurs dans les explications, les devoirs et vous saurez si tous les élèves se sont exprimés, il est donc plus facile d'inclure tout le monde de manière égale et de les évaluer équitablement. Si quelqu'un ne travaille pas, faites-le participer dès le début. De plus, par votre propre attention, faites en sorte que les élèves développent un plus grand intérêt pour les sujets abordés ; vous deviendrez leur bon exemple. Montrez-leur que vous êtes intéressé par le fait que les élèves apprennent quelque chose.

Comme je l'ai dit, si un sujet n'est pas du tout passionnant, qu'il ne peut pas être exploré en profondeur et que toute tentative d'établir un lien avec le présent semble totalement artificielle, il est utile de se ranger du côté des étudiants et d'admettre qu'on le fait uniquement parce qu'il figure au programme. De cette façon, vous montrez également que vous vous souciez des élèves, et surtout de leurs sentiments. Mais en même temps, il faut l'aborder de manière positive: "Nous devons y faire face ensemble et en tirer le meilleur parti".

La positivité est très importante. Après tout, qui aime apprendre de quelqu'un qui a toujours l'air triste? La mauvaise humeur est contagieuse et vous ne travaillez pas bien quand vous êtes de mauvaise humeur, vous le savez probablement déjà. Les étudiants sont parfois de mauvaise humeur et s'influencent mutuellement. Il faut donc faire attention à ne pas être soi-même infecté. Cependant, vous êtes au centre des élèves pendant les heures de cours, votre humeur a donc le plus grand impact.

Allez toujours en classe avec le sourire et plein d'énergie, accueillez les élèves de manière amicale et travaillez avec enthousiasme. N'hésitez pas à raconter des anecdotes encourageantes, mais ne vous emportez évidemment pas trop.

N'entrez pas dans la classe avec l'attitude d'être au-dessus des élèves, mais agissez comme s'ils étaient au même niveau que vous.

Ne faites jamais en sorte que vos élèves se sentent mal, quels que soient leurs résultats, leur manque d'attention ou leur comportement perturbateur. Réjouissez-vous lorsqu'ils obtiennent une note insatisfaisante (qui est de cinq ou six pour certains, mais de trois pour d'autres). Soyez compatissant, encouragez-les et conseillez-les sur ce qu'ils peuvent faire pour mieux réussir. Concentrez-vous toujours sur les aspects positifs de la performance plutôt que d'insister sur les défauts ; ne mettez pas vos élèves sous pression.

Bien sûr, si les notes de quelqu'un baissent, sa promotion est peut-être aussi en danger, vous ne pouvez pas le nier ou le cacher. Cependant, parlez calmement à la fille ou au garçon en question, expliquez-lui la situation poliment et demandez-lui les raisons de ses difficultés.

En discuter ensemble, si nécessaire également avec les parents, est un bon moyen de s'améliorer avec le temps. Encouragez l'élève à faire un effort et à ne pas abandonner.

Transmettez votre attitude positive à vos élèves, non seulement dans les situations problématiques, mais à chaque instant de la leçon. Tout le monde, y compris vous-même, se sentira mieux et percevra les leçons comme une bonne chose, et les élèves eux- mêmes s'efforceront de contribuer à maintenir cette attitude positive.

Chapitre 6

Si la leçon est interrompue par des conflits ou si les élèves vous parlent de conflits stressants avec des camarades de classe, vous ne devez pas, en tant qu'enseignant, détourner le regard.

Si les discussions sont mineures, faites remarquer aux élèves qu'ils doivent discuter de la question en privé. Dans tous les cas, même en cas de conflits vraiment graves, faites bien comprendre que la salle de classe n'est pas un lieu pour régler les discussions. Les problèmes interpersonnels doivent rester à l'extérieur, les cours doivent être considérés comme un lieu de travail où l'on se concentre uniquement sur les sujets scolaires.

Plus les élèves sont jeunes, plus il leur est difficile d'éteindre leurs problèmes personnels et leurs aversions et de s'entendre pacifiquement avec les camarades de classe en question. Ils doivent l'apprendre, donc vous devez continuer à le leur expliquer. Cependant, vous devez également essayer de résoudre le conflit. En particulier, les disputes sérieuses et les incidents d'intimidation au sein d'une classe d'école doivent être clarifiés ; cela fait partie de la responsabilité d'un enseignant envers le bien-être de tous les élèves. Dans ce cas, bien sûr, les parents doivent être informés.

La forme sous laquelle les conflits sont gérés dépend de chaque cas particulier. Normalement, les conflits doivent être résolus en dehors de la classe et uniquement avec les élèves concernés. Dans certains cas, cependant, le problème affecte directement la leçon et/ou la classe entière. Si la situation ne peut être suffisamment apaisée pour que la leçon puisse se poursuivre, il est judicieux d'avoir une discussion de clarification directement pendant la leçon. Sinon, s'il y a des problèmes majeurs, la réunion doit avoir lieu en privé.

Dans les cas moins graves, vous pouvez également laisser les élèves discuter entre eux pendant quelques minutes et utiliser le reste de la leçon pour l'explication. Vous pouvez donner aux élèves non intéressés une tâche individuelle et discuter avec les "discutants" à l'extérieur. Vous devez évaluer vous-même quelle solution est la plus avantageuse, car les élèves risquent de ne plus

travailler de manière concentrée s'ils savent que vous discutez derrière la porte.

Si possible, un conseil de classe doit être organisé une fois par semaine. Cependant, il s'agit d'une question d'organisation scolaire, vous ne pouvez que suggérer cet événement. Les divergences générales et moins graves peuvent être discutées à cette occasion.

Vous êtes un intermédiaire et devez donc être impartial.

Gardez votre calme et ne mettez pas la pression sur un côté ou l'autre.

Faites preuve d'empathie, notamment en cas de brimades et de conflits entre (ex-)amis ou petits amis.

Vous devez vous assurer que toutes les personnes impliquées ont une voix égale et sont autorisées à s'exprimer. Vous devez donc préciser qu'ils doivent parler à tour de rôle.

Évitez l›escalade. Précisez dès le début de la conversation que vous devez parler calmement, concrètement et à un volume modéré et que personne ne peut être offensé.

En cas de violence, n'en parlez pas seul, mais demandez l'aide de la direction de l'école et/ou d'un assistant social scolaire.

Demandez aux élèves de se mettre dans la perspective de l'autre personne et d'examiner leur propre comportement. En cas de malentendus, dites de clarifier ou posez des questions ("Que vouliez-vous dire quand vous avez dit à XY que...?" "Est-il vrai que vous évitez XY? Pourquoi?").

Lorsqu'il s'agit d'intimidation, expliquez aux intimidateurs que toutes les personnes sont différentes mais ont la même valeur et que la valeur ne se mesure pas en argent ou en possessions. En fonction de la "raison" de l'intimidation, parlez d'exemples marquants qui présentent les caractéristiques en question. Si cela ne fonctionne pas ou si vous ne trouvez pas d'exemple, demandez simplement: "Pourquoi agis-tu ainsi?".

Demandez aux tyrans de se mettre à la place des autres. Demandez-leur s'ils aimeraient être humiliés eux-mêmes, puis demandez-leur pourquoi ils pensent pouvoir traiter quelqu'un de manière violente. Dans l'idéal, les brutes répondront en faisant preuve de lucidité et de culpabilité, mais préparez-vous également à des réponses telles que: "Parce qu'il le mérite!". Malheureusement, vous risquez de recevoir une telle réponse.

Milton Keynes UK
Ingram Content Group UK Ltd.
UKHW020624291123
433416UK00016B/1089